暮らしは楽しくエシカルに。

ごみ箱ひとつの身軽なまいにち

梨田莉利子

時事通信社

はじめに

この本は、私が子育てを始めてから、楽しみながら続けてきたエシカルな暮らしのヒントを紹介する本です。

エシカルは、英語で「倫理的な」という意味をもつ言葉ですが、現在、環境や社会に配慮していることを表す言葉として使われています。

環境や社会に配慮した暮らし、なんて聞くと

「大変そう！」

「お金がかかりそう！」

と思われてしまうかもしれません。

でもそんな方にこそ、エシカルライフをおすすめしたいと思っています。

わが家は、中学生と小学生の子どもが3人いる5人家族と保護犬1匹。郊外の住宅街にあるごく普通の戸建てに住んでいます。

朝5時に起きてお弁当作りから始まり、バタバタしていると、夕闇はあっという間に迫ります。野球チームに入っている子ども3人を支えるため、休日はさらに早い3時半起き。付いたあだ名は「修行僧」です。

そんなわが家ですが、エシカルを意識することで、大変どころか身軽に、ストレスなく暮らすことができています。それに、意外かもしれませんが、エシカルを心がける前よりも生活費は下がりました。

今、40代の私がエシカルと出会ったのは約12年前。

それまでの私の人生は、エシカルなんて考えたこともありませんでした。

幼い頃は絵本や物語が大好きな本の虫でしたが、中学・高校時代の私は、バレーボールに打ち込み、選手になることを目指していたほどのスポーツ少女。部活のルールで髪型がショートカットしか認められていなかった反動か、学生時代は巻き髪と「神戸系ファッション」で

身を固めていました。当時の私は、メイクとブランド物のファッションが大好きで、買い物が大好き。読者モデルのアルバイトなんかもやっていましたっけ。

社会人になってからは、外資系の化粧品会社に就職し、美容部員を経て、インストラクターとして働くキャリアウーマン（死語）。結婚してからも、買い物好きは相変わらずでした。

そのうえ、実家を出るまで家事は全て母がしてくれていたので家事能力ゼロ。

こんな私に転機が訪れたのは、長男が生まれた時。

離乳食が始まってしばらくした頃、長男が、買ってきた野菜を食べないことが時々ありました。当時は、なんで野菜をペロッと口から出してしまうのか、理由が全くわからなかったのですが、おしゃべりが上手になってきた時に、「この野菜、なんで食べへんの？」と尋ねてみました。するとこう言ったのです。

「だってこの野菜、薬っぽい味するやん」

その言葉を聞いて、もうびっくり！　でも、2歳の子どもが嘘を言っているとも思えない。

「今、食べさせているものは一体どうやって作られたものなの？」

「生産過程や原材料がきちんとわかるものを選びたい！」

と思うようになったのが、暮らしを考え直すきっかけでした。


はじまりは、食の安全を確認することからでしたが、やがて食べ物とつながる環境や社会の問題について意識するように。

台所に溢《あふ》れるプラスチック製品や使い捨て製品を減らすための工夫をしたり、生活排水に気を配ったり、洋服の素材や選び方を意識したり。


「エシカル」を意識することで、いつも工夫して暮らすクセが付き、小さな楽しみが増えていきました。そんなまいにちは、私が幼い頃に大好きだった、手をかけて暮らすことの喜びが描かれた物語の世界ともつながって、ますます楽しくなっていきました。

ＳＤＧｓが普及し、環境や社会の課題にまつわる本はたくさんありますが、この本は難しい専門書ではなく、私が日々の生活の中でゆるっと無理なく、楽しく続けてきたことを紹介します。

ひと口にエシカルと言っても、暮らしている場所やその時の家族の状況、生活スタイルによって、できることも違えば「エシカル」の基準だって違って当たり前。だから「これはエシカルではないので絶対ダメです！」などと言うつもりはありません。

環境や社会のためにできることを、楽しく、細く、長く続けていく。それがわたし流のエシカルライフです。

本書が、楽しいまいにちを過ごすきっかけになれば嬉しいです。

MY ETHICAL LIVING
CONTENTS

暮らしは楽しくエシカルに。

第1章 ゆるっとエシカルライフのすすめ 13

私のエシカルライフ　3つの基本 14

エシカルライフは今日から始められる 18
代用できるものをとことん探す
「無くても大丈夫！」が合言葉

やめたら快適になった「使い捨て」 24
すぐごみになるものは買わない
「想い」を基準に買い物する

「買わなくても作れる」を見つける 30
私を変えたポン酢の一件

スーパーや生協でエシカルライフを見つける 34

エシカルライフを楽しく続けるために 38
家族とは「ゆずり愛」の精神で

エシカルライフはお財布にもやさしい 42

Column
憧れの人、その暮らし 01
人に寄り添うハーブの力 ―― 萩尾エリ子さん 44

第2章 台所から始めるエシカルライフ 45

台所からプラごみを減らす 46
スーパーでの買い方を見直し
マイバッグとマイ野菜袋を持参
購入品をリサイクル&リユース

ラップの使い捨てをやめる 51

使うほど良さがわかる「さらし」 54
家中で大活躍! さらしの活用方法
洗う・干すの簡単ルーティン

まいにちの食器洗いをエシカルに 62

食器洗いで水を汚さないための工夫 66
環境のためにも洗い物をラクにする
「排水口の下は海」と想像して暮らす

家庭内の食品ロスを減らすには? 70
ごみも減らせて一石二鳥の「ベジブロス」
残り物は違う料理に変身!
食材選びの小さな意識

手作りすればごみが減る3つのもの 76

マイクロプラスチックを出さないお茶生活 79
やかんで太陽光温水器
備長炭で浄水

昔ながらの知恵を暮らしに生かす 82

ごみ箱ひとつで暮らしてみたら 84

都市生活でも続けられたわたし流コンポスト 86

ごみを出す時の小さな心がけ 90
台所の「ごみステーション」

Column
憧れの人、その暮らし *02*
「なるべく自然に近い暮らし」を実践
――服部雄一郎さん 96

第3章 いつも暮らしにエシカルを！ 97

きっかけは使い切れないほどの洗剤の山 98
お風呂・トイレ・洗面台・衣類のナチュラルクリーニング 100
石鹸ひとつで暮らせたら 102
プラごみを出さないデンタルケア 104
スキンケアはお金のかけ方にメリハリを 105
化粧水とオイルは手作り
季節行事のゼロウェイスト・アイデア 109
さらし・ティッシュ・トイレットペーパーをリビングで使い分ける 110
捨てる前に「もう一度活躍の場をつくる」習慣を 112
「必ず家に入ってくるもの」はリユース方法を決めておく
暮らしが整う洋服選びと買い方 116
まずは素材の見直しから
古着屋さんを利用するときのコツ
憧れスタイルで洋服を定番化する
子ども服は身近な人とシェア
子どもたちとのエシカルライフ 124
消しゴムは「非塩ビ」のものを
おもちゃは生活用品をリユース
長く使えるおもちゃを選ぶ
プラスチックフリーのお片付け 130
子どもの収納は少し不便がちょうどいい
空き瓶・空き箱・空き缶収納のメリット
エシカルなネットショッピング 134
ごみとCO_2を減らすために
保護犬がくれた心豊かなまいにち 136
ペット用品のごみを減らすために
植物を暮らしに取り入れる 140

Column
憧れの人、その暮らし 03
貫いた自分流のライフスタイル
――ターシャ・テューダー 142

第4章 物語が教えてくれたエシカルな暮らし方 143

名作物語はエシカルなヒントがたくさん 144
ローラの暮らしはエシカルそのもの 150
アンに学ぶミニマルな生き方 154
物語の魔女たちは生きるお手本 158
お金を使わなくても幸せな四人姉妹 163
憧れの寮生活と循環するもの 166
小さな花園が教えてくれること 170
暮らしのヒントが見つかるおすすめの本 176 180

第5章 もっと知りたい、エシカルのこと 179

エシカルライフを続けるためのQ&A 187

第1章

ゆるっと エシカルライフのすすめ

子育てをきっかけに
環境や社会にやさしいエシカルな暮らしを始めてから、かれこれ10年余り。
以前はエシカルとは無縁の生活をしていた私が、
少しずつ暮らしを変えていった経緯や、
今の暮らしを楽しく無理なく続けている理由をお話しします。

私のエシカルライフ　３つの基本

この本では、私が続けている次の３つを基本にした暮らしについてお話ししていきます。

1．プラスチックごみを減らす

プラスチックの大量消費による海洋汚染や温暖化への影響がわかってきています。生活の中からプラスチック製品を完全に消すことは無理かもしれないけれど、減らすことはできるはず。まずは、プラスチック製品の使い捨てからやめてみる。

2．ものを増やさず、大切に使う

ものを必要以上に持たないこと。そして選んだものは大切に長く使うこと。ガラス瓶や竹カゴなど長く使えるもの、色々な用途に使い回せるものを手入れしながら使う。
もの選びの基準は「いつか誰かに譲れますか？」。

3．なるべく環境・社会にやさしいものを選ぶ

オーガニックスーパーなどの特別なお店に行かなくても、少し目を凝《こ》らせばエシカルなもの選びは可能です。決まり事はつくらず、暮らす場所の近くで見つけていく。明日は違ってもいい。半分エシカルでも大丈夫。

都市部に暮らしていると、買い物が多く、どうしてもごみの多い生活になってしまいます。でも、「明日から田舎に移住して自給自足！」というのもなかなかムズカシイ。私自身、エシカルライフをもっと完璧にしたいのに、今の生活環境では実現できないことが多く、それがストレスだった時期もありました。「よしっ！」と移住できる人は、本当にかっこいいと思いますし、心から憧れます。でもいつしか、今の生活環境を維持しながら「ゆるっとエシカルライフ」をやっていくのでも良いんじゃないかな？　と思うようになりました。

私が実践しているのは「簡単にできて、地球にも私にもやさしいこと」。日々、暮らしていく中で環境や社会のことを考えると引っかかることはゴマンとあります。例えば「化学繊維の衣服を洗濯するとマイクロプラスチックが流れ出る」という事実。だからと言って、「うちの子ども達だけ野球のユニフォームを麻製の服にします！」というわけにはいきません。

都市部で暮らしながらでも、子どもがいながらでも、無理をせずにどれだけ環境や社会にやさしく、快適な暮らしをできるか。

それが、私の考える「ゆるっとエシカルライフ」なのです。

もし、誰かたったひとりが畑を耕し、電気も食べ物も全て自給自足で暮らしていたとしても、その他大勢の人たちがごみをたくさん出して、食べ物をどんどん捨てていては、地球はいつか悲鳴をあげてしまいます。完璧なひとりがいることよりも不完全だけどエシカルに暮らす１００人がいること――その方が、いつかきっと大きな力になると思います。

何より、エシカルライフは続ければ続けるほど、楽しくて家事もラクになる。そんなエシカルな暮らしの魅力をこれからお話ししていきたいと思います。

エシカルライフは今日から始められる

朝5時。起きるとすぐに家中の窓を開け放ちます。あちらこちらで交わされる小鳥のおしゃべりを聴くのが楽しくて、いつの間にやら私の習慣になりました。6時半。3人の子どもたちが次々に起きてくると朝の静寂は過去のもの。1日が本格的にスタートします。

小鳥が巣立った後の巣には余計なものは何ひとつ無く、巣はやがて自然に還《かえ》ります。でも残念ながら、人間の暮らしは住処《すみか》も生活用品もごみになってしまうものばかり。

それならば、せめてできる範囲で環境や社会にやさしい暮らしを営みたいものだなぁと思うのです。

代用できるものをとことん探す

私がエシカルに暮らすために実践していることの第一歩。それは「必要以上にものを増やさず小さく暮らすこと」です。

持ち物を減らせば、ごみは自然と減らすことができます。

もちろん買い物に出かけると「素敵！」「これ、便利そう！」と思うことはたくさんあります。でも「これ、ずっと使えるかな？」と考えてみると、答えは「？」。

例えば、サラダスピナーは野菜の水切り専用の道具。洗った野菜の水分をブンと飛ばせる優れものです。

でも、サラダはサラダスピナーがなくたって作れます。

ではどうするか。「さらしでスピナー」の出番です。さらしを広げ、真ん中に洗った野菜を置いて口をギュッと縛るように掴んだら、シンクでブン！　と振り下ろす。数回でしっかり水切りできます。

少し時間はかかりますが、私がいつもやっているおすすめの方法がもうひとつあります。それは「生け野菜」。水菜や小松菜などの葉物を水で洗い、根本に切り込みを入れたら瓶に少し水を張り、さらしで軽く覆い、花瓶に花を生けるように立て、1時間ほど冷蔵庫に入れておきます。だから、生け花ならぬ生け野菜というわけです。食べる直前に冷蔵庫から出して切ると、パリッとしたサラダが食べられます。レタスなら水を張ったボウルに葉をしばらく入れておき、ボウルにステンレスのザルを被《かぶ》せて振って水を切り、さらしで拭いてから冷蔵庫に入れておくとシャッキシャキに。

「〇〇専用」の道具は、「時短」や「便利」を欲しがる心の穴埋めをしてくれます。でも、買う前に少し立ち止まって、家の中にあるものを見渡せば、実は無くても十分暮らせることがたくさんあります。

プラスチック製品の場合、いずれは劣化してプラスチックごみになってしまうのも気になるところ。

「これが欲しい」と思ったら、まずは「家の中に代用できるものはない？」とあれこれ考えてみる。そして「買う」は最後の選択肢にする。

そんな習慣をもつようになると、本当に必要なものって、実は驚くほど少ないことに気が付きます。

水菜の「生け野菜」。葉物野菜が瓶に対して長い場合は、半分に切ってから生けています。

「無くても大丈夫!」が合言葉

ステンレスのザルはお皿に被せれば、食べ物に虫やほこりが付くのを防ぐフードカバーになります。竹の平ザルは、おにぎりやサンドイッチのお皿代わりに。こんな調子で家の中を見渡してみると、「無くても大丈夫!」がたくさん見つかります。代用できるものを考える習慣をもつと、今、手元にある生活用品の活躍の場がどんどん広がっていきます。

レモン絞り器が無いなら、とりあえずフォークやスプーンで実を潰しながら絞ってみる。チーズおろし器が無いなら、普段使っているおろし金でおろしてみる。プリンの型が無いなら、マグカップや保存容器で作ってみる。ケーキの型が無いなら、まずはバットやボウルで焼いてみる。ガラス瓶はコップとしても使ってみる。少し欠けたコップやマグカップは、鉛筆立てや収納グッズにできます。もし植木鉢が無いなら、空き缶に穴を開けて使っても良いのです。

代用できるもの探しは、慣れてくるとそれは楽しく、良い思いつきができた時には思わずひとりでガッツポーズをしてしまうことも。

使わなくなったやかんはハーブ栽培用のジョーロとして使っています。

ものを持つということは、その「もの」と一緒に人生を歩むこと。大袈裟《おおげさ》かもしれませんが、それくらい心に決めて選ばないと、家の中のものはどんどん増えていき、生活スペースを狭め、やがてごみを増やしてしまいます。

ものを厳選し、小さく暮らすことは環境にやさしい暮らしにつながります。困った時の合言葉は「無くても大丈夫！」。

今日から始めてみてはいかがでしょうか。

やめたら快適になった「使い捨て」

「暮らすって物入りね」
そう呟《つぶや》きながら、スーパーで必要最低限のものを買い揃え、しばらくホットケーキを食べながら一人暮らしを始めるアニメ映画の主人公がいました。マグカップにフライパン……。ひとつずつ選び、慎重にお金を使う彼女とは裏腹に、見ていてワクワクするシーンでした。

私もこんな風に自分の暮らしをスタートさせたはず。ところがいつの間にか、どんどん家の中に増えていく余計なもの。

SNSで見かけたお役立ちアイテムをネットでポチッと買い込んでみたり、ぼんやり眺めていたスマホに映し出されたコスメの定期購入に申し込んでみたり。私たちの暮らしは、いくつもの「消費行動」で成り立っています。

ですが、物価高のニュースなどで「消費者が」と繰り返されるのを耳にすると、「うぅむ」と唸《うな》ってしまいたくなる時があります。何だか「いつも何かを買うように仕向けられている人」と言われているような気がしてきてしまうのです。人は消費者である前に、日々どんな風に生きていくのか？　目の前にある食材をどんな風に料理して誰と食べ、どんな洋服を着て、誰を思いやって暮らしていくのか？　そんなことが、一人ひとり違う生活者であるはず。きっと、買い物より先に考えることがあると思うのです。

すぐごみになるものは買わない

とはいえ、かつては素敵なものや便利なものに飛びついては捨てていた私です。可愛い形のパンケーキが作れるフッ素樹脂加工のフライパン。時間のない時にありがたい市販の合わせ調味料。ＣＭを見て購入した便利そうなお掃除シート。置くだけで汚れや匂いが取れるというトイレ掃除のあれこれなどなど。

ところが、後になって気付かされるのは、使い終わったお掃除シートもフッ素加工が剥《は》がれたフライパンもあっという間にごみになってしまうということ。

さらには、調味料や洗剤をあれこれ買うたびに、包装や容器のプラスチックごみがどんどん溜まっていくこと。

買ったものがあっという間にごみに変わってしまうのを見ると、少し悲しい気持ちにさえなります。

トイレの拭き掃除は使い古しのタオルやさらしの方がしっかり拭けるし、フライパンは鉄製のものなら長く使えます。あれこれ調味料を買うなら、食材自体や基本の調味料にお金をかけた方がもっと美味しい上に身体にもいい。洗剤もたくさん買い込まなくたって、石鹸、重曹、クエン酸と酸素系漂白剤があれば、台所からお風呂、トイレまで家中の掃除がほとんど解決するではありませんか！

こんな風に、暮らしの中身に目を凝らしてみると、お金のかけどころがぐるりと変化して使い捨てがどんどん消えていったのです。

「想い」を基準に買い物する

なぁんて偉そうなことを言っていますが、使い捨てするようなものに限らず、洋服から雑貨まで買い物するのが大好きだった私。

百円ショップや雑貨屋さんに目的もなくふらりと出かけては「だって●円やねんで？」と呟きながら、ポンポンと買い物カゴに商品を放り込み、結局は数千円のお会計になってしまう。そんなことを繰り返していた時期がありました。

当時の私にかける言葉があるとすれば「本当に欲しいものは何？」です。

そう問われると、私はカゴが大好きなので、日本の職人さんが編んだあけびや山ぶどうのカゴ、竹ザルを思い浮かべると思います。でも、簡単に手に入れられるものではありません。値段が張るし、置ける場所だって限られています。

まずは「高いよなぁ、無理やんなぁ」と思う自分がいます。

そんな中途半端な気持ちを抱えて買い物に行くと、たくさんの安くて便利そうな商品が「おいで、おいで、こっちにおいで！」と、私を手招きしています。当時は欲しい気持ちが抑えられず、それらにまんまとお金を使っていました。

こんな自分を改めるようになったのは、簡単に手に入れたものは簡単に捨てることができることに気付いたから。「これでえーやん」くらいの気持ちで買ったものは、結局何ひとつ大切にできていなかったのです。

「安物だから大切にできない？」と自問してみると、どうやらそれは違うみたい。だって、子どもたちと旅先で購入した３００円の小さな置き物は心から大切にしているのです。

では、どうして大切にできるものとできないものがあるんだろう――

ある日、自分の行動を振り返ってみてやっとわかったのです。

本当に欲しいものは別にあるのに、間に合わせですぐに手に入るものを買う。そういうものほど大切にしていないのだということに。

それからは、とにかく「買う」は最終手段にして「とりあえず」では、何かを買わない練習をしてみました。

しばらく経ったある日、「私、もう大丈夫になったかな？」と思う瞬間があり、久しぶりに百円ショップに行ってみました。その時購入したのは、前々から必要だった子どものノート１冊だけ。「買わない」って練習すれば習得できることなんだなぁと感じた瞬間でした。

そしてこれは「物欲に支配されずに生きることは、エシカルというだけでなく、こんなにも心地良いんだなぁ」と思えた瞬間でもありました。

生きておれば
色んなことが
あるよ

「買わなくても作れる」を見つける

お米や野菜、そして味噌などの保存食や醤油などを作ることは、少し前の時代、家庭で当たり前に行われていたことでした。

私は現在40代ですが、母の世代の方にとっては、自分が着る洋服を仕立てることもごく普通のことだったそうです。そういえば、私が幼い頃から大好きな物語『赤毛のアン』には洋服の型紙を近所の人に借りる場面があり、少女の頃ワクワクしながら読んだものです。

裁縫は私にはハードルが高いですが、食べ物なら作れるものがたくさんあります。このことに気が付いたのは、子どもたちが大好きな「ポン酢」を作った時でした。

私を変えたポン酢の一件

長男の離乳食を始めた時期は寒い冬。初めての育児で、てんやわんやの日々に「お鍋」は、栄養面から見ても時間の短縮の面から見ても、パーフェクトな献立でした。鱈《たら》や白菜、水菜やお豆腐を小さなお椀に分けて、ほんのちょっとポン酢をかけて食べさせると、赤ちゃんだった長男は手足をバタバタさせて「もっと！」と催促します。

「ポン酢が美味しかったのかな？」と思い、ふと「これって何からできているんだろう？」とラベルの裏面を見てみました。するとそこには、「醤油」や「ゆず果汁」だけでなく、耳にしたことのない言葉も並んでいます。そんなこと、それまでの30年ばかりの人生では一度も考えたことがなかった私でしたが、この時初めて「原材料」というものをまじまじと見ました。

次にスーパーに行った時、陳列棚に並んでいるポン酢を何種類か手に取って、ラベルの原材料をチェックしてみました。すると、原材料がシンプルなものほど値段が高くなることに気付いてびっくり。中には１本千円近くするポン酢まで。

でも、じっくり見ていたら、だんだん「作れるんじゃない？」という気になったのです。そしてある日、ポン酢の原材料の通り醤油・お酢・ゆず果汁を組み合わせて、その日使いきりの量でポン酢を作ってみました。

味見をしてみると「美味しい！」と自分でも驚きました。ゆずの香りが鼻腔《びこう》をツンと突き、喉の奥がキュッと締まるような酸っぱさのあとに、しっかりしたお醤油の味が口に広がり、たまらなく美味しかったのです。

長男に食べさせてみると、さらにパクパクとスプーンが進みます。

今振り返れば当たり前のことですが、この「ポン酢って作れるんだ！」は、当時の私には大発見で、その後の暮らしの礎《いしずえ》になりました。1本千円もするポン酢を買うような生活はできなくても、原材料を見れば案外簡単に作ることができる。

子どもたちのおやつだって、スーパーで買うと結構高い。その上、包装はすぐにプラごみになります。でもスコーンやドーナツなど、シンプルなものなら、ボウルひとつで簡単に作ることができます。

1週間のうち半分、あるいは週末だけ、とそんな日を続けていたら、ぐんとごみが減り、身軽になっていきました。

「高いし、添加物も色々入っているし、パッケージのごみが溜まるのも気になるなぁ」と思った時には、このポン酢の一件を思い出すことにしています。

瓶詰めで売られているなめ茸《たけ》も、えのき茸を2センチ幅くらいに切って鍋に入れ、醤油とみりんを加えて煮れば簡単に作れます。子ども達が大好きな韓国海苔も市販品を買うとプラごみがたくさん出てしまいますが、ごま油を入れて熱したフライパンに焼き海苔を好みのサイズに切って入れ、パリッとするまで焼いて塩を振れば結構美味しく作れます。マグロのサク（見切り品でも大丈夫！カツオもおすすめ）をオイルでコトコト煮れば、ツナ（カツオ）のオイル漬けも作れます。

ポン酢の一件から「買う」以前に「作ってみる」という選択ができるようになり、私自身の生き方は少しずつ変わっていった気がします。

手間をかけると、ごみと一緒に私の中の「面倒くさがり」が消えてゆく不思議。一度体験したら、まいにちが驚くほど楽しく感じられるようになったのです。

ホットケーキミックスで作る
チョコレートチャンクスコーン

ホットケーキミックス（200g）に溶かしバター50g、豆乳（もしくは牛乳）50ml、チョコレートを好きな量加えて、木べらでざっくりと混ぜてから８等分する。180℃のオーブンで15分ほど焼く。

スーパーや生協で
エシカルライフを見つける

わが家は、大通り沿いにスーパーが立ち並ぶ郊外にあります。買い物は日々の生活で欠かせませんが、エシカルに暮らすためにも日頃からごみを減らすだけでなく、環境や社会に配慮された商品を選んでいきたいもの。最近は、私がよく利用するスーパーでも、こういったエシカルな商品や取り組みに出会うことが多く、嬉しい限りです。スーパーや生協で見つけた「エシカル」をいくつかご紹介します。

●**イオン**：オーガニック野菜や無添加の「グリーンアイ」というシリーズがあります。また「トップバリュ 減の恵み」という農薬・化学肥料の使用量をできる限り減らした野菜が、オーガニック野菜よりも少し手に入りやすい価格帯で売られています。オーガニックや減農薬の野菜は、お値段は少し張りますが、皮や根っこのギリギリまで安心して食べることができるので、フードロスや生ごみの量を減らすことにつながっています（コンポストに入れる時も安心です）。また、コーヒーや紅茶、チョコレートなどフェアトレードの商品も多数揃っているのも嬉しいところ。生活用品の売り場では、１００％再生紙のトイレットペーパー、調理道具のコーナーでは無塗装の菜箸なども発見しました。イオンは初めてエシカルにチャレンジする人にとって取り入れやすいものがたくさん揃うスーパーです。

●コープ（生活協同組合）：「コープサステナブル」という環境や社会に配慮した主原料を使用した商品シリーズがあります。

コープサステナブルシリーズに使用されているロゴ。

「コープサステナブル　海の資源を守る」ロゴが付いたしらす干し。

取り扱う商品は幅広く、環境負荷を少なくする農法で作られたお茶や、持続可能であると認証された漁業や養殖業で生産された水産物を使用した加工品などが売られています。有機栽培のミックスベジタブル、冷凍食品もよく買っています。

●**スーパーマーケットライフ**：Organic・Local・Healthy・Sustainabilityの4つを大切にした「BIO-RAL（ビオラル）」というプライベートブランドがあり、無添加、有機栽培の食品、「光と風が入る鶏舎内を自由に動きまわって育った元気な鶏が産んだ」という平飼《ひらが》い卵、国産の材料を使った増粘剤・着色料・調味料などを使用していないペットフードなどが、比較的手に入りやすいお値段で購入できます。気に入っているのは保存料・着色料不使用で、国内の海水が使われているというちくわです。

●**その他スーパー**：野菜売り場に「近郊野菜」のコーナーを設けている店が増えています。地産地消（その地域で生産された農林水産物をその地域で消費する取り組み）は、輸送時に発生するCO_2の削減になりますし、輸送コストがかからない分、手に入りやすい価格で買える場合もあります。

過去には、買い物のたびに素材や原材料を見るのに労力を使い、ついつい心が折れそうになった時期もありましたが、最近は「あそこに行けば◯◯がある！」と思えるスーパーが増えて、気持ちがとってもラクになりました。

買い方は生き方。同じお金を使うなら、なるべく環境にやさしいものや社会に還元できることに使いたいなぁと思うのです。

ここで挙げたのは私が見つけた一部の例ですが、近所のスーパーにお出かけの際は、少し目を凝らして探してみると新しい発見ができるかもしれません。

エシカルライフを楽しく続けるために

私が運営しているインスタグラム「エシカルなまいにち」には、日々たくさんの質問やエシカルライフについてのお悩みが届きます。その中で特に多いお悩みの一等賞が「家族とのエシカルライフが難しい」というもの。これには私も大きく頷《うなず》いて「わかるわかる」と呟きながらメッセージを読んでいます。

例えば「夫がペットボトル飲料をいつも買ってきます!」とか、「子どものおもちゃや学童用品にはなんてプラスチックが多いのでしょう!」とか……。

家族とは「ゆずり愛」の精神で

実は私も、エシカルライフを始めた当初は、家族が持ち込むプラスチック製品などの一つひとつにイライラしていました。

例えば、夫が献血に行ってもらってきたエコバッグがナイロン製だった。子どもが親戚に買ってもらった鉛筆キャップがプラスチック製だった（それだけでも「あーあ」と思うのに、さらにそのてっぺんには、ボールチェーンに付いたプラスチック製のキャラクターが！）。

「プラスチックばかり。しかもこれ、絶対すぐ壊れるやん！」なんて意地悪にも心の中で思っていたこともありました。

でもある日突然、なんだかそんな自分が嫌に思えてきたんです。だって、私がエシカルライフを意識するようになったのは、子どもたちがきっかけです。

それなのに家族や周りの人の行動にイライラしていたら本末転倒。

以来、ひとつ心がけていることがあります。

それは「いただき物は大切にする」こと。

夫がもらってきたナイロン製のエコバッグも子どもたちの鉛筆キャップも、追い出そうとするのではなく、入ってきたものはありがたく使わせてもらう。

近所の方から子ども達にペットボトル入りの飲み物をいただくこともありますが、お気持ちに感謝して受け取っています。そして、子ども達が使うものは、本人たちがそれを使ってみたい気持ちになるまで、後ろ姿を見せながら待つ母になろうと、目下トレーニングの日々です。

日常の不満なんて、挙げ始めるとキリがありませんよね。

私と家族はあくまで別の人。特に夫婦に至っては、家庭環境も教育環境も、全てが違う、別の種族同士だと思っています（だって私はとんかつにはソースをかけるものだと思って数十年暮らしてきたのに、夫は醤油をかける人生を送ってきたわけです）。

それでも、食事や洗濯など、だいたいのことは家族からの不満が出ることもなく暮らしていますが、3章でご紹介する固形石鹸ひとつの生活については抗議を受けることになりました。私は頭から足先まで固形石鹸ひとつで不便を感じることなく暮らしていますが、家族はシャンプーやボディソープを使っています。

そこはやはり、「ゆずり愛」が必要ですよね。

子どもたちも小学生にもなると、洋服などはもうはっきりとした好みがあるため、私が選ぶことはほとんどありません。

でも、一緒に買い物をしながら「こっちは、海洋プラスチックをリサイクルしてできたものなんだって」とか「農薬の量が少ない綿が使われているんだよ」という会話を挟むくらいはしています。

もちろん親の思い通りにはいきませんが、いつか子どもたちが大人になった時、少しでも思い出してくれたらいいなぁと今は思っています。

いただく機会が多いタオル。白いタオルで統一するのに憧れた時期もありましたが、阪神甲子園球場でもらった某球団のタオルもしっかり鎮座。食器類は土に還りにくいものだから、引き出物の食器や、子どもたちがくじ引きでもらったコップやノベルティのお皿も大切に使っています。

エシカルライフはお財布にもやさしい

「エシカルライフにはお金がかかるのでは?」

そんなイメージをおもちの方も、きっと多いと思います。ですが、ここではっきりと断言させてください。

エシカルライフを始めてから、わが家の生活費は上がるどころか、下がりました。それはものの選び方、お金のかけ方が変わったからです。

例えば、私が愛用する土に還る自然素材のカゴ。台所で使うのはもちろん、衣服や小物の収納にも使えます。使わない時には壁にかけてインテリアグッズにも。家の中をぐるぐると回りながら、いつもどこかできちんと仕事をみつけてくる凄腕《すごうで》です。私が仕事部屋で書類などを置いておくのに使っているのは、夫のおばあちゃんの家にあったみかんのカゴです。

台所にある木のまな板も、黒ずんできた部分をカンナややすりで削り、時々食用油で拭いて手入れをしながら10年以上使っていますが、これ以外にまな板を買ったことはありません。オーガニックコスメやエシカルブランドの化粧品はお高いイメージですが、身近なもので作れるアイテムもあります。全て買い揃えなくとも、メリハリを付けて買い物をすれば、出費がかさむことはありません。

ものを買う時、どんなものも最後は「ごみ」になるということを意識して買うと、手が伸びるアイテムがゆっくりと変化してきます。

購入する前に「最後は土に還せたり、再利用したりできるかな？」と考えてみる。エシカル消費や環境保護を謳《うた》う商品を探すと、お値段が高く付くことも。そういうものを選ぶ前に、昔からある生活用品や素材選びに目を向けてみる。そして、プラスチック製品であろうと、自然素材のものであろうと、目の前にあるものは使い切る。エシカルかそうでないかにこだわるのではなく、使えるものは大事に使う。

そんな風に思いながら、楽しくゆるっとエシカルなまいにちを過ごしています。

Column

憧れの人、その暮らし

01

人に寄り添う ハーブの力

『香りの扉、草の椅子　ハーブショップの四季と暮らし』（扶桑社）

　長野県・蓼科《たてしな》でハーブとアロマテラピーの専門店「蓼科ハーバルノート・シンプルズ」を営む萩尾エリ子さん。雪深い日に箒《ほうき》を持ち、お店の前を掃く萩尾さんの姿を写真で見て「現代の魔女だわ！」と思ってしまって以来、強く憧れている方です。人の苦しみや痛みに、薬草や香りを処方し手当てを施す萩尾さんは、蓼科に移り住んだ頃のことを、ご著書に記しています。寒さで髪がバリバリに凍ったことや、本を片手に薬草を探し歩いた日々のこと——さぞかし苦労されたことと思うのですが、今となってはそれも楽しかったとか。時間をかけ、農薬を使わない広大なオーガニックガーデンを造られた萩尾さん。いつか私も、ささやかながらそんな庭を造りたいなぁと思っています。

萩尾エリ子さん　*Eriko Hagio*

ハーバリスト。ナード・アロマテラピー協会認定アロマトレーナー。1976 年、東京から蓼科に移住。園芸、料理、染色、陶芸、クラフトを学び「蓼科ハーバルノート」を開く。荒地から 3000 坪のオーガニックガーデンを造り、約 40 年にわたりハーブの魅力を伝え続けている。

第2章

台所から始める エシカルライフ

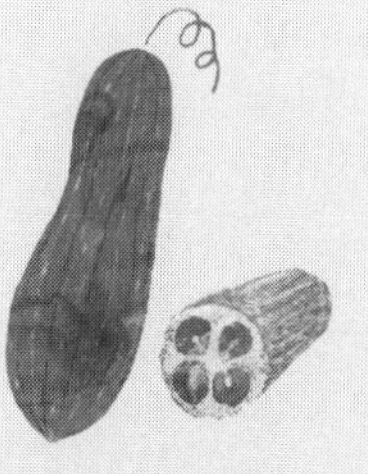

何気なく暮らしているだけで、たくさんのごみが出てしまう台所。
でも、ちょっと習慣を変えるだけで
使い捨てやプラスチックごみをぐんと減らすことができます。
さらしやヘチマスポンジ、コンポストなど
そんな暮らしを支えてくれるものもご紹介します。

台所からプラごみを減らす

わが家の暮らしのまんなかにはいつも台所があります。

子どもたちの食事作りから始まり、大切な家族の一員である保護犬ジジのご飯を用意し、私がほっとするためのコーヒーを淹《い》れ、家族のお弁当を作り、笑顔の種であるおやつを作る大切な場所です。時にはパソコンを持ち込んで、グツグツと煮えるお鍋の隣で書き物をすることも。そんな時は、魔女になったみたいでちょっぴりワクワクしてしまいます。

その台所を支えてくれるのは、もちろん食べ物。夫と子どもたちが野球をするスポーツ一家のわが家は、食料品の買い出しはちょっとしたイベント。

「今週はどんな献立にしようかな?」という気持ちの一方で、実はいつも、ほんの少しの憂鬱が私を襲います。なぜかというと、買い物をする度にプラスチック包装やペットボトル容器のごみをたくさん出してしまうから。

スーパーでの買い方を見直し

買い物をすると、肉や魚はたいてい発泡トレーとラップで包まれています。野菜もプラスチック製の袋に包まれたものがたくさんありますし、調味料はペットボトル入りのものがたくさん。商品によっては、プラスチックやペットボトルに入っていないものを探すことは、まだ見ぬ宝島を見つけるのと同じくらい難しいことかもしれないと思うほど。ある時期は買い物をするたびに、小さな罪悪感が芽生え、ストレスになっていたこともありました。

本や雑誌で、容器を持っていけば量《はか》り売りをしてくれるというお店を見ると、「素敵だなぁ」と憧れます。個人商店では対応してくれるお店もあるようですが、わが家の近所にこういう買い物ができるお店はほとんどありません。

それでもゆるくエシカルライフを志す者。

ある日、近所のスーパーに保存容器を持っていき、「お肉の量り売りをしてもらえませんか？」と交渉してみたことがあります。でも、コロナ禍だったこともあり、あっさりお断りされてしまいました。

いや、そうですよね。考えてみれば当たり前で、お店にとってはその要望に応える人の人件費と食中毒などのリスクが伴うわけですから、仕方のないことだと思ったのです。

そこで「今の暮らしの中でプラスチックごみをできるだけ減らすことはないかな?」と考えた私がしているまいにちの小さな工夫をご紹介します。

マイバッグとマイ野菜袋を持参

まず玉ねぎやピーマン、じゃがいもなどを買う時は、袋詰めではないバラ売りがあれば、そちらを優先して購入しています。買い物には、マイバッグと一緒にジュート製の野菜袋を持って行くようにして、レジに並んだ時は最初に「小さなポリ袋も要りません」とお断りしています。水分が出てしまいそうなお肉や冷凍食品などを買う時は、カゴやバッグの底に新聞紙を敷くこともあります。

マイバッグは、底がしっかりしている大きな竹の市場カゴか、L.L.Beanのトートバッグ。どちらも水で洗えます。

お気に入りの市場カゴ。
台所では、米袋入れと
しても活躍しています。

通気性が良く丈夫な
ジュート製の野菜袋。
家ではこのまま野菜の
保存袋になってます。

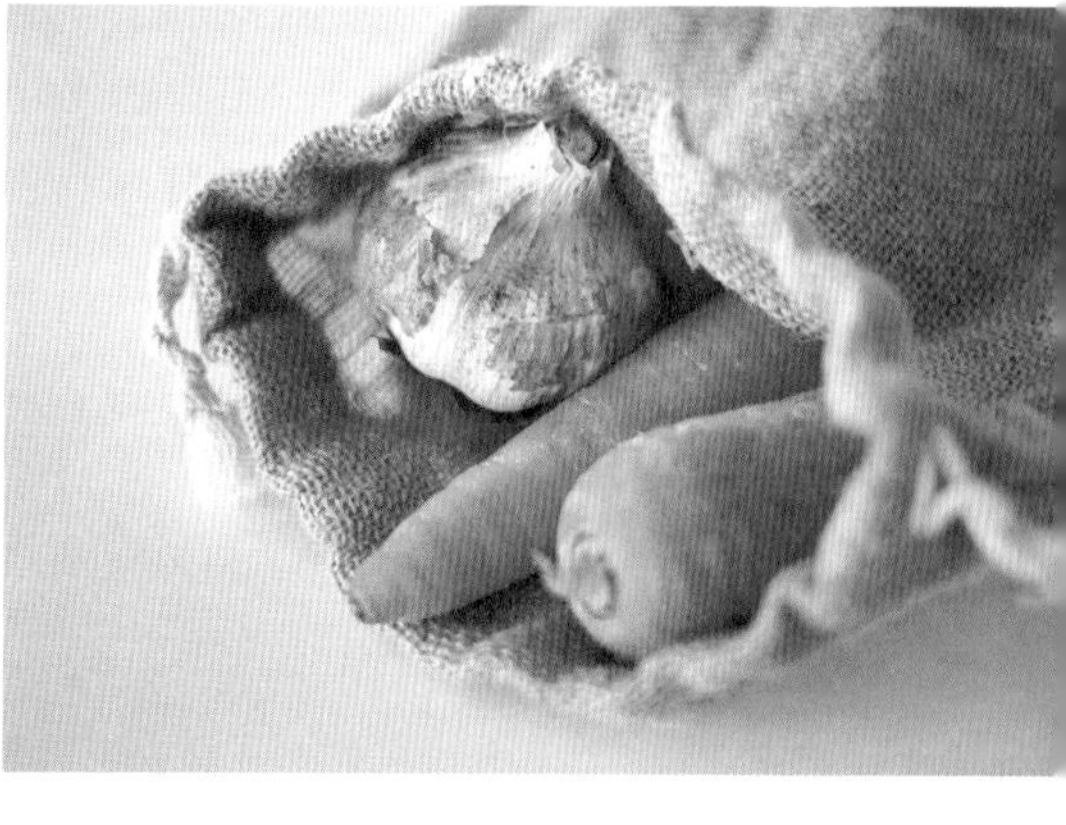

購入品をリサイクル&リユース

プラスチック製の袋に包まれた野菜を購入した場合は、空いた袋を捨てる前にごみ袋として活用しています。子ども達のスポーツドリンクは、水500mlにレモンを漬け込んだはちみつ大さじ3杯、塩小さじ4分の1杯を混ぜて、スポーツドリンク対応の水筒に入れて持たせています（市販のペットボトル入りを購入することもありますが、2リットル入りのものを購入して水筒に分けています。保冷効果でおいしく飲めるのはもちろん、ペットボトルの購入量を少しでも減らすための工夫です）。

発泡トレーや空き缶、ペットボトルなどはスーパーのリサイクル回収コーナーに必ず返します。また乾物などに使われているジッパー付きのプラスチック製袋は、空き袋を取っておいて、使いかけの生姜《しょうが》やにんにくなどを入れて家庭の中でリユース（再使用）しています。

ケチャップやマヨネーズなどの調味料は、プラスチック容器入りのものではなく、なるべく紙パックや瓶入りのものを購入するようにしています。

ラップの使い捨てをやめる

台所で使う使い捨てプラスチックの代表は、なんといっても食品用ラップフィルム（ラップ）。わが家では5年以上、ラップをほとんど使わない生活をしています。ごみを減らしたかったのはもちろんですが、ラップを大小揃えると、困るのが置き場所。吊り棚に入れたラップの箱が頭に落ちてきたことも。そこでラップを手に届かない場所に置き、少しずつ使うのをやめてみました。

まず、作り置きのおかずは、蓋付きの保存容器に入れることにしました。琺瑯《ほうろう》製やガラス製の保存容器でも、パチッと閉まる蓋だけはプラスチックということが多いのですが、繰り返し使えるものなので許容範囲にしています。もうひとつ便利なのが「お皿ップ」です。これは、食べ物が入ったお皿に、家にあるお皿を被せるだけなのでとってもお手軽です。たったこれだけで、「今までなんてたくさんのラップを使っていたのだろう！」と気付かされました。

購入品のリユース

空き瓶のリユース

手作りのジャム、使いかけの野菜、少し残ったおかず、刻んだねぎなどを入れてリユース。可愛い空き瓶目的で「あの店のアレ」を買うのは、ちょっとした楽しみでもあります。

プラスチック製袋のリユース

生姜は新聞紙にくるんでから空いた袋に入れています。

小さな瓶の活用法

小さい瓶をお弁当のおかず入れやたれ瓶として使うこともあります。

ラップの使い捨てをやめる

保存容器

食べる時は保存容器のまま
テーブルに置き、そこから
取り分けるスタイル。

お皿ップ

お皿に残ったおかずは、家にあるお皿をのっけるだけの「お皿ップ」がおすすめ。長期の保管には向きませんが何かとラクです。

使うほど良さがわかる「さらし」

ラップと同じように、台所で日々使い捨てられるものにキッチンペーパーがあります。紙が大切な資源であることは言うまでもなく、ちょっと水気を拭き取るくらいでどんどん使い捨てるのはもったいないですし、くるくる回るペーパーホルダーを設置すると、狭い台所で意外とスペースを取ります。

そんな時に使い始めたのがさらし（晒し）でした。

さらしはひと昔前まで、日本の台所に当たり前にあったもの。キッチンペーパーがその座を奪うまで、台所の縁の下の力持ちだったろうと思います。

さらしの存在を知った時は「これだ！」と膝を叩き、まずは、蒸し布や野菜の水気取りなど昔ながらの用途で使い始めてみました。すると使うほどに、素晴らしい魅力がたくさんあることがわかってきました。

まず、面倒くさがりの私に嬉しいのが端を縫ったりせず、切りっぱなしで使えること。欲しい長さを引き出し、端にハサミで1センチくらいの切り込みを入れれば、手で引っ張るだけで簡単に切り離すことができます。使い始めは煮洗いをすると安心です。

さらしを使ううちにもっと嬉しいことに気が付きました。それは、少しの時間ならラップの代わりにもなること。

固く絞ったさらしは、おにぎりやサンドイッチにちょこっと被せておいたり、熱々ごはんのおむすびをむすぶ時に重宝します。使いかけの根菜は、乾いたさらしに包み、容器やお皿に入れてから冷蔵庫へ。裸のまま置いておくよりも長持ちします。水洗いした葉物野菜も3、４日はさらしに包んで保存できます。ご飯もさらしで包んで冷凍保存ができます。温める時は、さらしに包んだ状態のまませいろに入れて温めています。

また、インスタグラムのフォロワーさんに教えてもらったのですが、コーヒーフィルターとしても使えます。ドリッパーや茶こしにひと回り大きめのさらしを敷き（わざわざ縫わなくて大丈夫！）、いつも通りにコーヒーを淹れるだけ。端を縫えば、茶葉を煮出すのに使うお茶パックも作れます。

さらしの切り方

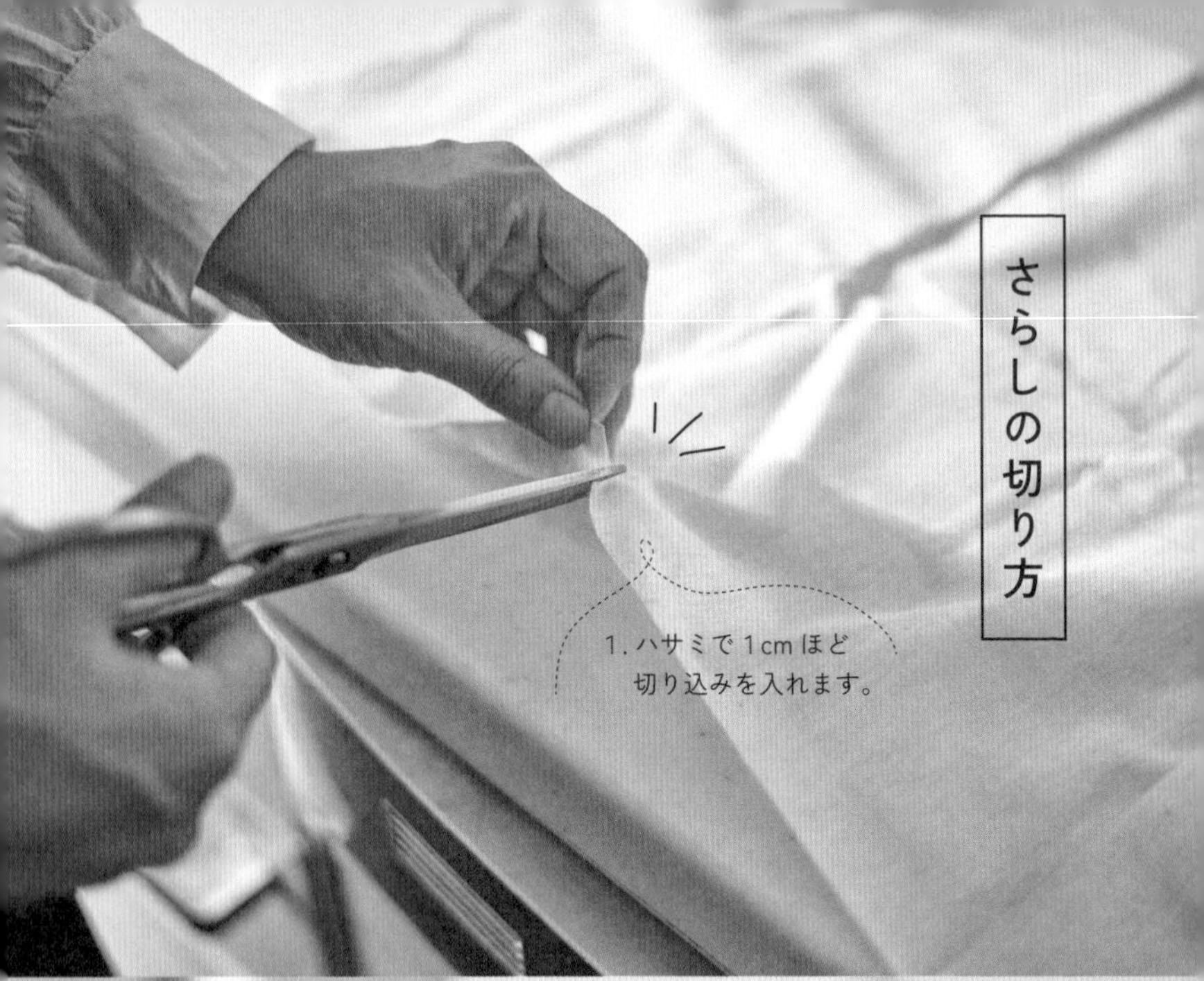

1. ハサミで 1cm ほど
切り込みを入れます。

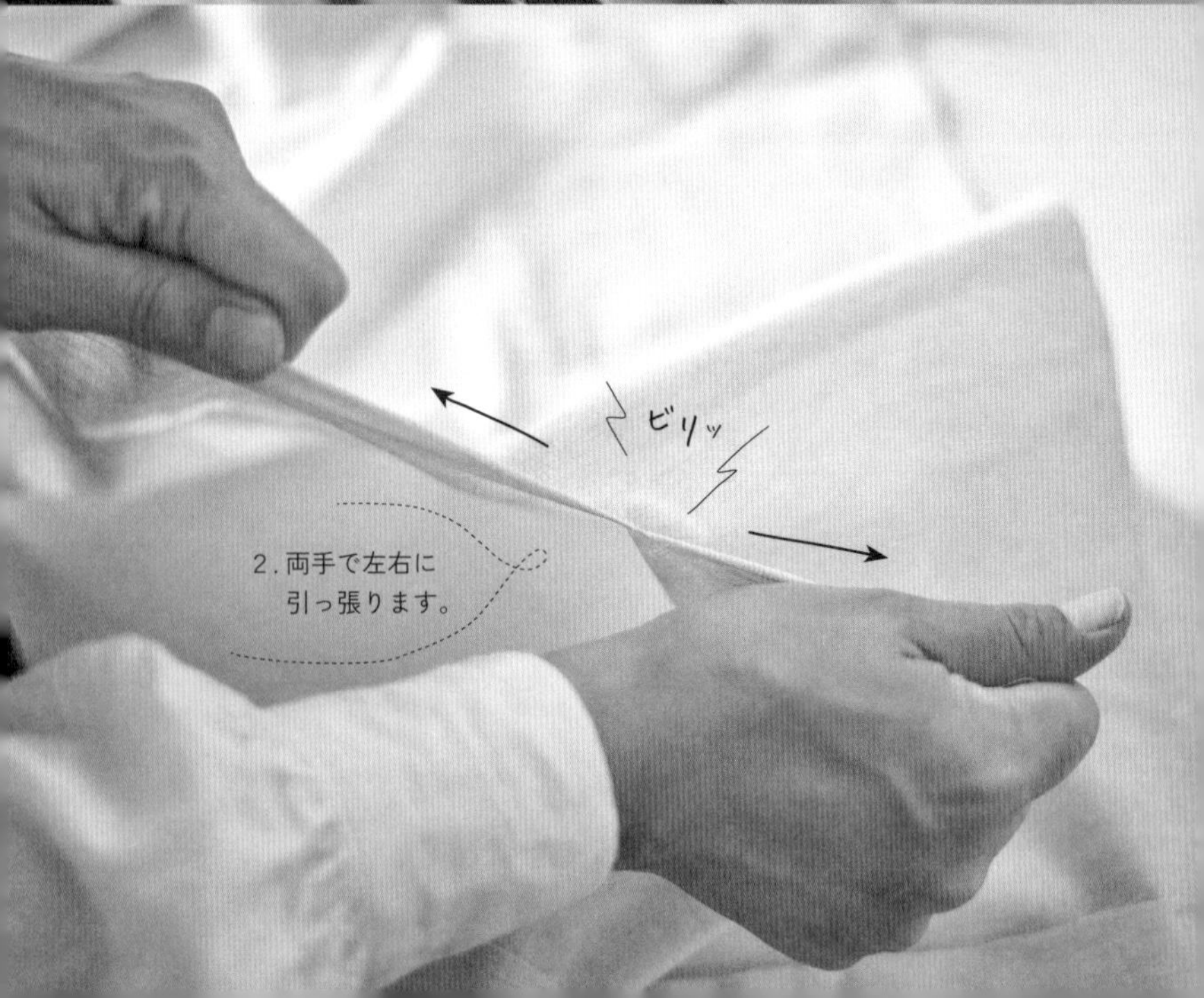

2. 両手で左右に
引っ張ります。

野菜を包む

包んだものがわかるよう、品名を書いたマスキングテープを付けた輪ゴムを印にしています。

コーヒーフィルターとして使う

コーヒー殻は、紙を敷いたザルに広げて乾かし、消臭剤として活用します。

家中で大活躍！　さらしの活用方法

さらしはラップやキッチンペーパーに比べて丈夫で、熱や水に強く、濡《ぬ》れてもギュッと絞れるなど、使い心地が良いというところも魅力的です。そして台所だけでなく、家中で大活躍してくれます。私の活用方法をご紹介します。

- **鏡拭きクロス**：絞ったさらしで拭くだけで、仕上げ拭きをしなくても、ほこりや拭いた跡が残らず、綺麗に拭き上げることができます。
- **コットン**：ネイル落としをする際に小さく切ったさらしを使うと、毛羽立ちもなくすっきり落とせます。
- **シートマスク**：１０８ページ参照。
- **フローリング用掃除シート**：１１３ページ参照。
- **入浴剤**：乾燥させたハーブを入れててるてる坊主のように紐で縛ってから、お風呂に入れます。入浴中、肩に当てるとリラックスします。
- **犬の歯磨き**：１３７ページ参照。

- **鉢底用のネット**：鉢底の穴を塞ぐネットの代わりに、小さく切ったさらしを使っています。

洗う・干すの簡単ルーティン

「洗うのが面倒！」と思われるかもしれませんが、意外と簡単です。私は使い終わったさらしを琺瑯容器や鍋に入れておき、1日の終わりに軽くすすいでから、水を入れ火にかけて煮洗いします。汚れや匂いが気になる時は、重曹を入れて煮洗いし、定期的に酸素系漂白剤に浸けています。

洗い終わったら流水ですすぎ、ギュッと絞ってから台所に吊るしたピンチハンガーに干しておきます。

古くなったさらしは、ウエスとして掃除に使い、最後はコンポストへ。時間はかかりますが、ちゃんと土に還ります。

私がさらしを使い始めてから5年あまりになりますが、ラップだけでなく、キッチンペーパーもほとんど買わず、快適に暮らしています。

さらしの煮洗い

洗剤を使うと、すすぎ残しが食べ物に付かないか気になりますが、
食用グレードの重曹なら安心して使えます。

夏場なら室内でも2、3
時間ほどで乾いています。

まいにちの食器洗いをエシカルに

『しずくのぼうけん』（マリア・テルリコフスカ 作／ボフダン・ブテンコ 絵／うちだ りさこ 訳／福音館書店）という絵本をご存知でしょうか？ バケツから飛び出した一滴のしずくが、雨となりつららとなり、姿をさまざまに変えながら冒険する絵本です。幼い頃に読んだその本が忘れられず、今でも水道から出てくる水を見ながら思い出します。水は循環しているということを意識し始めてから、生活排水にはできるだけ気を配っています。もう30年以上も前のことなのに、私の中に今もきちんと息づいているから不思議。幼い頃に出会った絵本には、大切なことが描かれていたんですね。

「エシカルライフを始めたい！ でも、何から始めたら良いのかわからない」という方はとっても多いと思います。そんな方にまずおすすめしたいのは、食器洗い用のスポンジを見直すこと。

よく使われている、ポリウレタンフォームやナイロン・ポリエステル製の食器用やお風呂掃除用のスポンジ。実はこういったスポンジからマイクロプラスチックが流れ出ているのをご存知でしょうか？

最近は、環境への配慮からセルローススポンジやガラ紡のふきんなどもその良さを見直されていますが、私が食器洗いスポンジとして愛用しているのは、百円ショップなどで身体洗い用として売られているヘチマスポンジです。

ヘチマスポンジは、ゴワゴワしていて使いにくそうなイメージがあるかもしれませんが、何回か使っているとすぐに柔らかく馴染んできます。

手に馴染みにくければ、切って自分のサイズにできます。水切れもとても良く、熱湯消毒もできるので、清潔を保ちやすく、管理がラクです。

ヘチマの繊維は、油汚れをしっかりと絡めて落としてくれるので、多少の汚れなら洗剤要らず。食器洗いには粉石鹸をゼリー状にしたもの（69ページ）をメインに使っていますが、ヘチマスポンジなら台所用合成洗剤を使わなくてもきれいに洗うことができます。へたって使いづらくなったヘチマスポンジは、小さく切って排水口の掃除に使い、最後はコンポストに入れて土に還しています。

植物ゆえに、固かったり柔らかかったりと一つひとつ使い心地に個性があります。

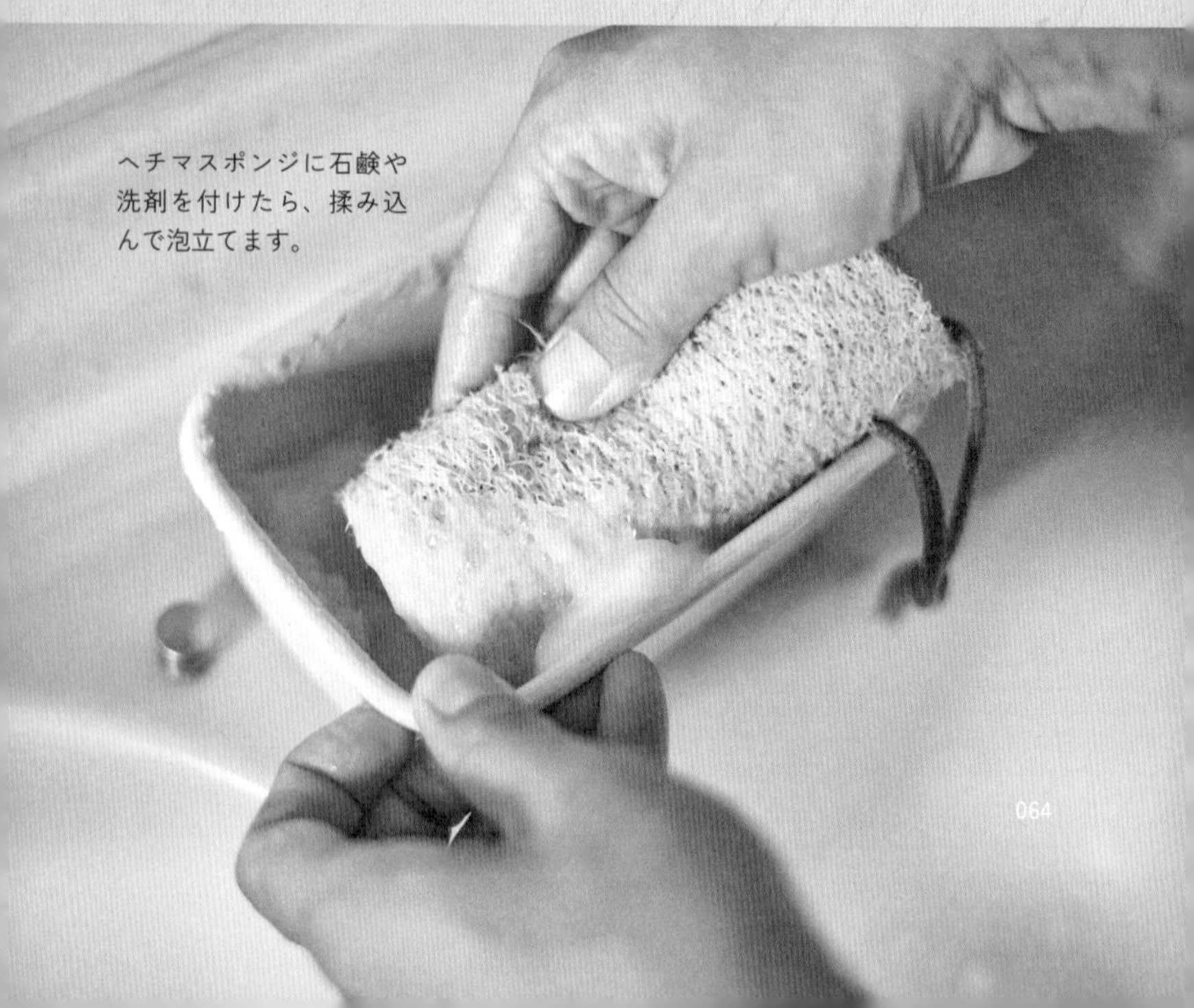

ヘチマスポンジに石鹸や洗剤を付けたら、揉み込んで泡立てます。

食器洗いで水を汚さないための工夫

子どもたちの肌が弱かったこともあり、洗濯洗剤は基本的に紙袋入りで売られている、シャボン玉石けんの「純植物性スノール」という粉石鹸を愛用していたのですが、成分を確認したらほとんど「純石けん分」であることがわかりました。

食器洗いは基本的にこの石鹸をぬるま湯で溶かして作るゼリー石鹸を使っています。庭のローズマリーを煮出した液で溶かし、ローズマリー石鹸を作ることもあります。

純植物性スノール 1kg

環境のためにも洗い物をラクにする

石鹸や洗剤をなるべく使わなくて済むように、お米の研ぎ汁や柑橘《かんきつ》類の皮の煮出し液、野菜やパスタの茹で汁などを洗い物に使っています。

お米の研ぎ汁は油汚れが取れます。料理の途中に出る野菜やパスタの茹で汁も、熱いまま食器にかけると、同じように油汚れもかなり落ち、石鹸代もガス代も節約できます。汚れがひどい時は、小さく切っておいた古くなったさらしやタオルで、拭い取ってから洗います。また、じゃがいもや里芋など、泥の付いた野菜を洗う時もひと工夫。皮を先に剥《む》き、剥いた野菜を水で軽く洗うようにし、土をなるべく排水口に流さないようにしています。

そもそもお皿を汚さないように工夫することもできます。料理は好きですが、後片付けが苦手な私は、食器洗いがあまり好きではありません。自分への負担軽減と、水や洗剤の使いすぎを防ぐために、庭で育てた枇杷《びわ》の葉やワイルドストロベリーの葉、いちじくの葉、竹の皮などを食器に敷いておくとお皿が汚れずに済みます。ケーキなどの下に敷くと可愛く見えて、使っている方も嬉しくなります。使い終わった葉はコンポストへ。

排水口の掃除は重曹を振りかけ、しばらくおいてから60度くらいのお湯を一気に流しています。これを習慣にすると嫌な匂いとも無縁です。

「排水口の下は海」と想像して暮らす

日本は水資源に恵まれているため、いまいちピンと来ないのですが、地球は近い将来、水不足に悩まされると言われています。そのために、少しでも水を大切に使うことを子どもたちにも意識して暮らして欲しいと思います。

蛇口をひねれば当たり前に出てくる水ですが、世界には、未《いま》だに子どもたちが片道数時間もかけて水を汲みに行かなければいけない国もあります。下水道が整っていないために、感染症が起こりやすく、死者が多数出る国だってまだまだたくさん存在します。当たり前に出るから、当たり前に使うのではなく、水は、ぐるりと回って自分の家へ戻ってくる。

排水口の下には、大きな海が広がっていて、魚や海洋生物が泳ぎ回っているのだと想像してみたら、洗い物にも少し気配りできるかもしれません。

この石鹸はレンジフードやグリル、換気扇を洗うのにも使えます。
普段は1〜2日で使い切れる量を作るようにしています。

ゼリー石鹸

[作り方]
粉石鹸1に対しぬるま湯5くらいの割合で溶かし、3時間ほど置くとプルプルになります。食器洗いに使うのはもちろん、換気扇などのしつこい汚れには、このゼリー石鹸を塗布し、しばらく置くと油汚れが落ちます。

ローズマリー石鹸

[作り方]
粉石鹸を、ローズマリーの枝を煮出した液で溶いたもの。

※液（水分）の割合を多めにすると軽めの汚れ落としに重宝します。

家庭内の食品ロスを減らすには？

「なぁママ。玉ねぎの皮って、どっからどこまで？」

子どもからそんな質問を受けたのは、もうずいぶん前、一緒にカレーを作っていた時のことでした。子どもの質問って、時に「当たり前」だと思っていたことを、見つめ直す機会をくれます。

本当に玉ねぎの皮って、一体どこからどこまでなのでしょうね。いつも、表側の茶色い2枚くらいを剝いていますが、この皮だって収穫した玉ねぎを保存のために乾かしたものが皮と言われる状態になったもの。野菜や果物は、皮の周りにも栄養があると言われていて、捨ててしまうのはもったいない。

そこで「ベジブロス」を続けています。「ベジブロス」とは、野菜のヘタや皮、根っこなどで取った野菜だしのこと。コンソメスープのような滋味深い味わいがあり、そのまま飲むだけでなく、ミネストローネやカレーを作る時にもベジブロスを入れて作るととっても美味しくなるので、欠かせません。

ごみも減らせて一石二鳥の「ベジブロス」

野菜のヘタや剝《む》き取った皮は、出る度に冷凍しておきます。ある程度溜まったら鍋に入れ、水を加えて煮出すだけ。

しっかりと煮込むと、濃いコンソメスープのような、味わいの「素」ができます。ベジブロスを取ったあとの野菜はかさが小さく、家庭用のコンポストでも処理がしやすいのです。

果物の皮や種も無駄にしません。わが家では、スープの冷めない距離に住んでいる義理の父が、できるだけ農薬を使わない畑をやっているのですが、その畑では、冬になるとゆずがたわわに実り、春先には甘夏がたくさん採れます。ゆずは、種をアルコールに漬けて化粧水を作り、皮はマーマレードにします。甘夏の皮はオレンジピールに。チョコがけにしておやつにしたり、パウンドケーキに入れたりと、すぐに無くなってしまう私の大好物です。

ミネストローネ

ミネストローネは、残り野菜を使い切るのにもってこい。たくさん作って翌日にカレーにしたり、モッツァレラチーズとミートソースを放り込んでパスタにしたりすることも。最終日は、じっくり煮込んで水分を飛ばし、ラタトゥイユ風にしてパンに塗っていただきます。

ベジブロス用ストック

野菜の皮やヘタ、きのこの軸は、繰り返し洗って使えるシリコン製のバッグにストック。ある程度溜まったら、水で煮出してベジブロスにします。

残り物は違う料理に変身！

「米」は、食べられるようになるまで「八十八」の人の手が関わって作られているから、「米」という字ができたのだよ。と幼い頃に聞いたことがあります。だから食べ物への感謝と「いただきます」は、どんなに忙しくても、一人で食事を取る時でも忘れないようにしたいもの。

でも、実際はおかずを作りすぎてしまったり、残ったおかずを冷蔵庫の奥に追いやって忘れてしまったり……。そんなことをしてしまう自分に落ち込むのですが、食用ロスを全く出さないって、結構難しいです。

日本では、推計で年間523万トン(令和3年度)もの食品ロスがあります(※)。これは、日本人一人が、1日あたりお茶碗約1杯分の食べ物を捨てている計算になります。世界では飢餓で苦しんで亡くなる人もいるというのに、やはり多すぎる数字だと感じます。

では、普段の暮らしの中でできることって何でしょう？

※参考サイト：消費者庁ホームページ「令和3(2021)年度食品ロス量推計値の公表について」
https://www.caa.go.jp/notice/entry/033549/

最近、店頭などでも目にするようになったスーパーでの「てまえどり」（期限の近い手前に並んだ商品から購入すること）や、見切り品・おつとめ品の購入もさることながら、食品ロスを減らすのに役立っているのは、残り物のおかずを華麗に変身させること！

例えば、2個だけ残ったハンバーグは、フライパンで焼き付けてチャーハンやオムライスの具に、中途半端な数だけ余った餃子は、野菜や春雨と煮込んでスープの具材に、という具合に別のメニューに使います。

こんな風に、残り物を残り物として扱うのではなく、具材に使って変身させることで食品ロスを少なくしています。

わが家は5人家族なのに、冷蔵庫にハンバーグ2個と餃子が一人前残っている……なんていう「残り物の数が中途半端問題」がよく起こりますが、これならそれも解決でき、新たな料理をイチから作らなくちゃいけないということも無くなって、少しラクすることができています。

食材選びの小さな意識

食材は安い方が嬉しいもの。でも卵を選ぶ際は、気を配っています。スーパーでは、少しお値段はしますが、「平飼い」の表示がある卵を購入しています。

平飼いとは、鶏舎内または屋外において、ケージ飼育ではなく、鶏が床面または地面を自由に運動できるように飼育した卵です。

また、規格外や見た目が良くない、調理方法が普及していないなどの理由から、水揚げされても食べられることなく捨てられる魚がたくさんあります。

最近は、こんな状況に配慮して、こういった魚を積極的に扱うスーパーや魚屋さんも少しずつ増えています。また鮮魚コーナーなどで見かける「海のエコラベル」は、「水産資源と環境に配慮し適切に管理された、持続可能な漁業で獲られた天然の水産物の証」。このラベルが貼られた魚を見かけた時は、積極的に選ぶようにしています。

手作りすればごみが減る3つのもの

何でも「これ、作れるよね？」と考えてみるのは、私のライフワーク。

中でも、ドレッシング・ポン酢・めんつゆは基本的に購入せずに作るものたちです。「手作りのものは味が安定しない」と言う方も多いのですが、私の中に失敗なしの配合がありますので、ご紹介しますね（77ページ）。

和食の日のサラダは、水菜や貝割れ大根に、油揚げを炙《あぶ》ったものと、ちりめんじゃこをごま油でカリカリに炒めたものをのせて、和風ドレッシングを。洋食の日のサラダは、レタスやベビーリーフなどにささみやエビ、または海藻類などをのせて、洋風ドレッシングを。私はサラダが大好きなので、レシピとも言えないようなこのドレッシングを日替わりで楽しんでいます。ポン酢は、野菜の揚げ浸しや、酢の物に使っています。

本格的に作ろうと思えば、きっといくらでもやり方はあるのでしょうが、忙

ドレッシング（和風・洋風）

［作り方］
・和風ドレッシング
ごま油（大さじ1）、醤油（大さじ1）、黒ゴマ（好きなだけ）を混ぜ合わせる。

・洋風ドレッシング
オリーブオイル（大さじ1）、レモン果汁（½個分）、塩小さじ⅓、胡椒（少々）を混ぜ合わせる。

ポン酢

［作り方］
醤油（大さじ1）お酢（大さじ1）、ゆず果汁（1個分。かぼすやすだちなどお好きな柑橘類でも）を混ぜ合わせる。

※酸っぱいのが苦手な方は、お酢を7割くらいの量にしてみてください。

めんつゆ

［作り方］
水（200ml）に対し鰹ぶし一つまみ（3g）で濃い出汁を取る。そこに醤油（200ml）、みりん（100ml）を加えてしっかり煮切ってから濾す。

※薄めて使うタイプのめんつゆですが、調味料としても使えるので、たくさん作って冷凍しておき、具材を入れたお鍋にそのまま入れると、肉じゃがなどの煮物が簡単に作れます。

しいまいにちですから、時間をかけず、手間も要らないものがベストということで、これを繰り返して作っています。

計量カップは常に出して置いています。大きなものを出すとなると「めんどくさがり」が顔を出してしまいますから、150mlほどの小さなものです。

どれも味を決めるコツは、醤油や塩、みりんなど基本調味料は、少しお値段が張っても良いものを使うことでしょうか。特に醤油は1本700円くらいの少し良いものを買っています。最初は買うのに躊躇しましたが、もし醤油を200円前後、調味料を200円前後、ドレッシング300円前後……という具合に買うとほらもう700円。市販の調味料をあれこれ買うと、それくらいはすぐに使ってしまうお値段だったので、「えいやっ！」と清水の舞台から飛び降りてみました。「良いお醤油やみりんは、色々な調味料に変身してくれる凄いヤツ！」と考えて、ここは少し贅沢しています。

クエン酸と重曹で作る手作りソーダ

夏になると、しゅわしゅわっとした炭酸が飲みたくなりませんか？　でも、大体ペットボトルに入っているんですよね。炭酸水メーカーもありますが、食品用のクエン酸と重曹（各小さじ½）に水（250ml）を加えれば簡単にソーダ水が作れます。クエン酸の酸っぱさで疲れも取れて一石二鳥！手作りの梅シロップやハチミツレモンをこれで割っても美味しいです。

マイクロプラスチックを出さないお茶生活

お茶の葉を買う時は、不織布のティーバッグに入ったものは、マイクロプラスチックが流出することがあるため避けています。

紙製のティーバッグもありますが、夏場は1日のお茶の消費量が20リットルにもなるわが家ですから、ごみも増えます。そこで、オーガニックコットン製の繰り返し使えるお茶パックに、ホールの茶葉を入れて使っています。

お茶殻はとにかく使える優れもの。簡単には捨てません。二番煎じはうがい薬に。冬の洗面所には欠かせない存在になりました。

床にまいて箒で掃除するとほこりが舞い上がるのを抑え、ピカピカになります。ザルの上に要らなくなった紙をのせ、その上に広げて乾かしてからお皿に置いておくと、消臭剤としても使えます。

やかんで太陽光温水器

太陽光発電や太陽光温水器の導入はハードルが高いですが、真夏は、お湯を沸かすガスの消費量を減らすために、水を入れたやかんをしばらく日向《ひなた》に置いておき、水の温度を上げてから、コンロで沸かすようにしています。これだけで、ガス代の節約になりますし、暑い夏にさらに部屋の温度を上げることもありません。

こんな風に、ベストではなくても少しだけベターな選択はできます。ベストを追求することはもちろん素晴らしいことですが、日々を忙しく営む暮らしの中では難しいこともありますものね。そんな時、別の選択肢を持っておくことで息の長いエシカルライフになります。ベターを続けてゆくことが、私にも地球にもやさしいことだと思うのです。

備長炭で浄水

わが家では水道水は備長炭《びんちょうたん》で浄水しています。備長炭にある無数の穴は、水道水の不純物を吸着してくれる優れもの。空き瓶に水と備長炭を入れて、冷蔵庫に入れておけば美味しい水のできあがりです。備長炭は、煮沸すれば繰り返し使えます。浄水用に数カ月使ったら、冷蔵庫やクローゼット、玄関に置いて消臭剤として使い、最後はコンポストへ。

自然の木からできているものですから、水に入っている姿もとても美しいところも気に入っています。

備長炭の手入れは、１週間に一度くらい煮沸するだけ。

昔ながらの知恵を暮らしに生かす

ひと昔前の暮らしにはエシカルに生きるヒントがたくさん隠れています。「始末よく」暮らしていた頃の、古き良き日常の知恵です。

使うもの別に、いくつか挙げてみたいと思います。

●**たけのこの皮**：乾かして、おむすびなどのお皿として使っています。竹の皮には抗菌効果があるそう。昔話の『おむすびころりん』でおじいさんが持っていった、あの竹の皮のおむすび入れは、昔の人の素晴らしい知恵なんですね。

●**料理の時に取り除いた梅干しの種**：捨てずにとっておき、体調が優れない日に番茶に入れ、すりおろし生姜と醤油を垂らしていただきます。これで気分がすっきりするから、本当に不思議。

●**ゆで卵の殻**：乾かして、細かく砕いて空き瓶に入れておきます。口の細い瓶を洗う時に中に入れて、シャカシャカと振り洗いするとピカピカに。排水口のごみ受けに入れておくと、ヌメリが出にくくなります。使い終わったら園芸用の鉢の周りに置いておくと、ナメクジが寄り付きません。

- **新聞紙**：濡らして窓を拭くとピカピカになります。
- **塩**：畳の目にまいておくと湿気を取ります。歯ブラシで目の方向に添ってこすってから、掃き掃除すると畳がきれいになります。
- **柑橘類の皮**：煮出した汁は、油汚れに強い天然の洗剤になります。コンロや換気扇の拭き上げに使うと、良い香りがして気分良く掃除ができます。皮でステンレスの蛇口をこすると、水垢《みずあか》が落ちてピカピカになります。

昔の人の知恵を知ると、豊かさと正しさに本当に驚きます。

世の中のスピードはますます加速し、どんどん便利になっていくでしょうが、時計の針をほんの少し前に戻して、緩やかに循環させて暮らしたいなぁと思います。

ごみ箱ひとつで暮らしてみたら

わが家の室内に置いているごみ箱はこれひとつ。ペット関連のごみと、入り切らない大きなごみがある時は、屋外の蓋付きごみ箱に入れています。

玉ねぎの皮と同じように、食べ物もどこかからがごみでどこからがごみでなくなるのでしょう。

例えば、今まで食べていたものでも、排水口に流した途端ごみになります。排水口の受け皿に入ったご飯を、誰も食べ物だとは思わないでしょう。でも、つい数分前まで食べ物として食卓に上がっていたものです。この境界線は考えれば考えるほど不思議で、食べ物も人が「捨てよう」と思えば、それはごみになります。

ごみを作り出すのは、私たち人間の意思なんだなぁと思わずにはいられません。それがほとんど無意識に行われているのです。

そんなことを不思議に思った私は、ごみを減らすために、家の中である実験をしてみました。

それは、室内の可燃ごみ用のごみ箱をひとつにすること。ごみ箱といっても、ラタン製の小さなカゴです。するとどうでしょう。驚くほどごみが減ったのです。大きなごみ箱があるとリサイクルに回せるものもどんどんごみ箱に入れてしまいますが、小さなごみ箱だとリサイクルとリユースが基本になります。

「捨てる」のハードルを上げれば、ごみを出さないためにどうするかを考え、工夫するようになります。結果、大量のごみ出しのストレスから解放されましたし、もともと家中に何個ものごみ箱がある景色が嫌だったので、自分のためにもなるアクションでした。

都市生活でも続けられたわたし流コンポスト

出すごみの量を少しでも減らしたいという想いと、ハーブを育てる堆肥《たいひ》が欲しかったことから、数年前からコンポストを使っています。

コンポストとは、生ごみや落ち葉などの有機物から堆肥を作る装置のこと。本来、使い残した野菜だけでなく、油でも肉や魚の骨でも、なんでも受け止めてくれる凄いヤツです。ただ、本格的な大型のコンポストはハエやゴキブリが寄ってくることもあり、住宅街で設置するのはなかなか難しい。

そこで、さまざまなタイプのコンポストを参考にしながら色々と試し、わたし流コンポストを作りました。わが家の裏に置いているコンポストは、りんご箱と呼ばれる木箱に黒土を入れたもの。要らなくなった木の板を蓋としてのせています。

主な工夫ポイントは2つ。

❶野菜のヘタや皮、卵の殻、お茶殻などは、台所でザルにのせておき、半乾

きになるまで干してからコンポストに入れる。

❷ 肉や魚、油はゴキブリの侵入や、動物に荒らされる場合があるので、入れない（わが家のご近所にはイタチが住み着いているらしく、鶏の骨を荒らされて後片付けが大変だったことがあるからです）。

りんご箱はラフに作られているので木の隙間がありますが、この隙間から生ごみを処理してくれる小さな虫が入ってくるので、あえて塞《ふさ》いでいません。始めのうちは少しずつ生ごみを入れていましたが、半年くらい経つと、立派に稼働してくれるようになりました。

ゴキブリやハエなど害虫の侵入予防に一役買っているのが、スーパーのスパイスコーナーに売られているクローブと、雑草のどくだみです（89ページ参照）。ごみ箱行きになるはずだったものが、コンポストに入れると堆肥になる。当たり前でありながら、不思議な感覚でした。それでもコンポストを始めるのには少し勇気が要ると思います。

始めるのを迷う方は、小さな植木鉢に黒土を入れて、野菜のヘタや皮のみを入れてお皿で蓋をする植木鉢コンポストはいかがでしょうか。失敗したり「やっ

わたし流コンポスト

皮やヘタなどは
ザルにのせて
半干しにしておきます。
ザク
ザク
生ごみを入れたら
スコップでザクザクと
切り混ぜておきます。

ぱりやーめた！」となれば、その鉢にハーブでも植えて楽しむことができます。写真や動画をいくら眺めていても、生ごみは消えないわけですから、とりあえず実験的に始めてみる！　というのも大切なこと。はじめから大きくチャレンジせず、小さくチャレンジしてみても良いのではないでしょうか？

合わなければやめるというのも、細く長くエシカルライフを続けるためのコツだと思います。

虫対策アイテム

害虫退治用クローブ

害虫が苦手な匂いをもつクローブは、コンポスト周辺にまいておきます。梅雨に入る頃には、数粒ずつ小さな巾着に入れて部屋の隅っこなどに置きます。

まるごとドクダミチンキ

ドクダミの葉と花を瓶に入れ、ひたひたになる量の焼酎（アルコール25度）に漬け込み、日の当たる場所に2週間ほど置いてエキスを抽出。葉と花を取り出し精製水で約7倍に薄め、コンポスト・ごみ箱・エアコンのドレンホースの周りなどにスプレーします。

ごみを出す時の小さな心がけ

私たちの家庭から出るごみは、収集されたら焼却炉に入れられて燃やされます。少し想像してみて欲しいのですが、生魚と干物の魚はどちらが火の通りが早いかわかりますか？

正解は干物。乾いている方が、火の通りが早いのです。暖炉の着火剤は、カラッカラに乾いた松ぼっくりが良いそうです。

生ごみはなるべく乾燥させた方が腐敗しにくく、ごみの燃焼効率アップや輸送にかけるＣＯ２削減につながります。

台所から出たごみは全て、仕分けして捨てるようにしています。

料理の途中で出た野菜クズはベジブロスにするかコンポストへ。それ以外はすぐにごみ箱に捨てず、シンク横の琺瑯容器に。これには、要らなくなった子どもたちの授業プリントで作ったごみ箱が入っていて、入れたごみの水分を、そのプリントが吸ってくれるのです。プリント用紙は適度な強度があり、多少濡れても型崩れしません。こちらはすぐに捨てるのではなく、紙も、中のごみも、少し乾いてから捨てるようにしています。大量の授業プリントの処分にもなり、まさに一石二鳥なのです。

台所の「ごみステーション」

こんな風に、ごみ箱で仕分けるのではなく、ごみ箱に行く手前で仕分けると、ごみが目に見えて減っていきます。ごみの境界線を、ごみを出す私たちが引き直すというイメージでしょうか。

こんな話を聞いたことがありませんか？　肉食動物は、必要な分しか狩りをしないと。必要なものを、必要な分だけ食べ、排泄《はいせつ》物は土に還ります。その死体でさえも、土に還るのですから、動物の暮らしは本当に無駄がないのですね。この美しい地球をプラスチックやごみで溢れた惑星にしないためにも、まずはまいにちの台所仕事から、見直してみてはいかがでしょうか？

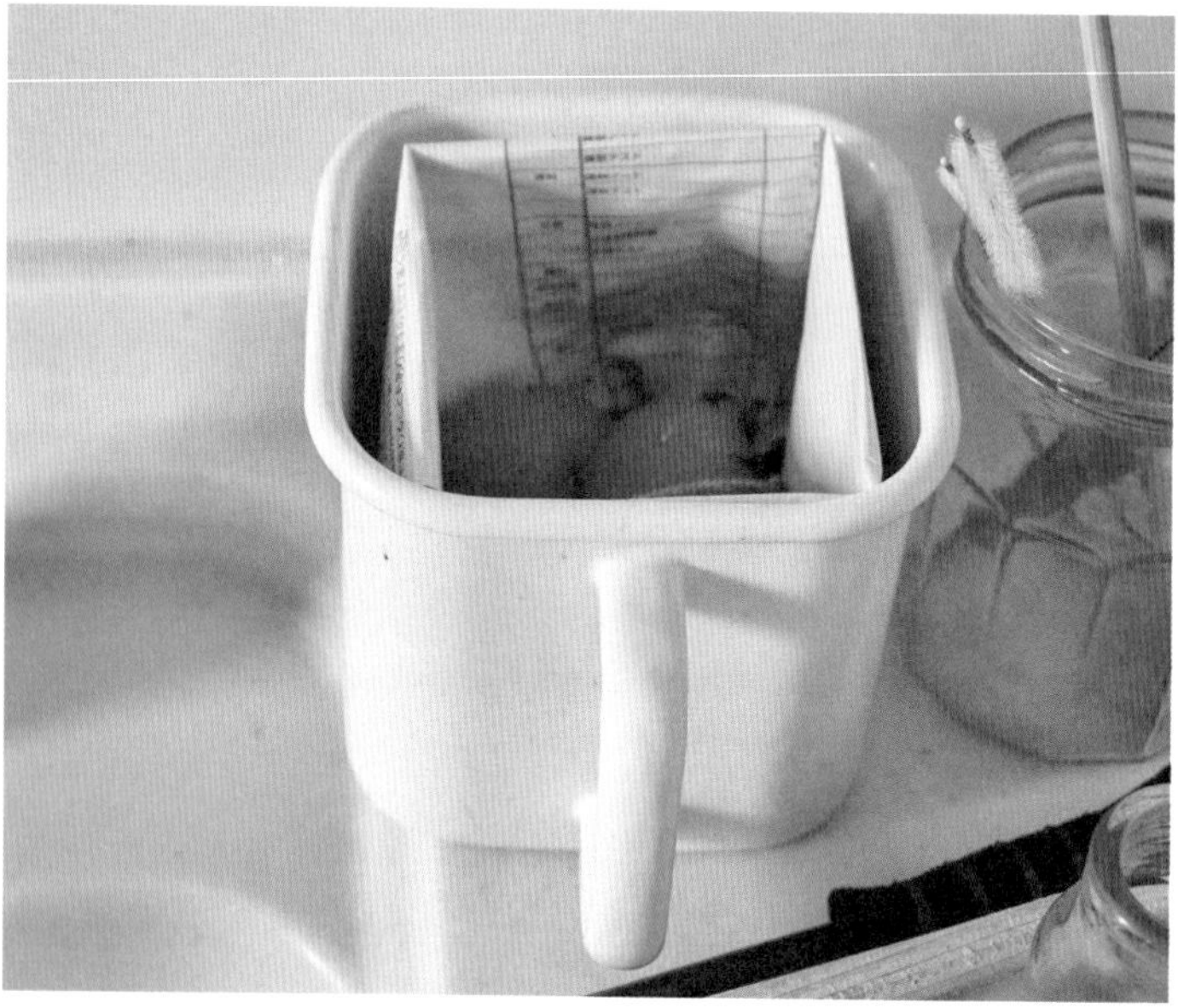

上：琺瑯容器にセットした授業用プリントで作った生ごみ用のごみ箱。
どんどん溜まる授業用プリントが処分できて助かっています。

左：台所の「ごみステーション」。壁に掛けた左のメッシュバッグには、リサイクル回収に出す発泡トレー（落ちた水は観葉植物にかかるようにしています）、真ん中のカゴバッグにはウエスを入れています。右はエコバッグ。古紙は２階にまとめて置いてあり、自治体の回収に出しています。空き缶は屋外の蓋付きバケツに入れています。

ウエス入れ
洗った発泡トレー入れ
エコバッグ
MOTOMACHI
union
PRODUCE
TOP QUALITY MEAT
FRESH FISH
DELICATESSEN
GROCERIES

CINDERELLA

Column

憧れの人、その暮らし

02

「なるべく自然に近い暮らし」を実践

『サステイナブルに暮らしたい　地球とつながる自由な生き方』（アノニマ・スタジオ）

「エシカル」や「サステイナブル」というと、真っ先に服部さん夫妻が思い浮かびます。翻訳家の服部雄一郎さんは、高知県でサステイナブルな暮らしを実践されている方です。

ご家族で雑誌などにご登場されることもあり、その住まいや暮らし方も素敵なのですが、現在の「なるべく自然に近い暮らし」を始めたきっかけは、夫の雄一郎さんが葉山町役場でごみ担当職員をされていたことだそう。

妻・麻子さんとの共著には、サステイナブルな暮らし方、生き方について雄一郎さんと麻子さん、それぞれの視点から書かれていて、家族と一緒にこれからの暮らし方を考えていく上でも、興味の尽きないお２人です。

服部雄一郎さん　*Yuichiro Hattori*

翻訳家・文筆家。アメリカやインドなどでの生活を経て、高知県に移住。夫婦と３人の子どもたち、猫、にわとりと自然に近い暮らしを行う。翻訳書に『ゼロ・ウェイスト・ホーム』（アノニマ・スタジオ）・『プラスチック・フリー生活』（NHK 出版）、麻子さんとの共著に『サステイナブルに暮らしたい』など。

第3章

いつも暮らしに エシカルを！

お風呂場やサニタリースペース、リビングやダイニング、
子ども部屋などさまざまな生活シーンで、
私が実践しているエシカルな工夫をお伝えします。
家にあるものや身近なものでできることばかりなので、
ぜひ参考にしてみてくださいね。

きっかけは使い切れないほどの洗剤の山

緩やかな午後の光に軒先の洗濯物がひらり。おひさまの匂いのするシーツやタオルを取り込むのは「暮らしている」という感覚に包まれる大好きな時間です。パリッとした感触の中に、柔らかな香りがほわっと鼻をかすめる一瞬は、わが家の愛犬ジジが、取り込んだばかりの洗濯物が大好きなわけが、何となくわかる瞬間でもあります。

さて、世の中には実にたくさんの洗剤があります。石鹸、ボディソープ、シャンプー、洗顔料、洗濯用洗剤、食器洗い用洗剤、トイレ用洗剤、お風呂用洗剤……。

それだけではありません。もっと細かく「えりそで汚れ」や「上履き洗い」専用なるものまで。果たして、同じ「洗う」という行為に、そんなにたくさんの洗剤が必要なのでしょうか？

でも、人って不思議です。「専用」と聞くと、必要な気がしてしまいますね。私もずっと、たくさんの専用洗剤を買い込んで使っていました。

ある日、洗面台の下を片付けていたら、それらのストックで、どこに何があるのかさっぱりわからない状態になっていてイライラしたことがありました。置いた張本人の私が、どこに何があるのか把握できないうえ、限りある収納スペースを「洗う」ためだけのものが占拠しているではありませんか！

溢れるほどの洗剤をほとんど使いこなせていないというのに、掃除をサボった時専用のカビ取り剤まである。

「え？　こんなに要る？」と初めて考えたのがまさにこの瞬間。

台所だけでなく、暮らし全体を見直してみることにしたのです。

お風呂・トイレ・洗面台・衣類のナチュラルクリーニング

まずは「洗剤の数を減らそう」と色々と調べた結果、家中の汚れは、石鹸、重曹、クエン酸、酸素系漂白剤の４つ（時々セスキ炭酸ソーダ）があれば、たいていの汚れに対応できるだけでなく、環境にやさしいことを知りました。

今ではおなじみとなったナチュラルクリーニングですが、私も初めて知った時には「なんや～、４つでええんやん！」と、ほっと胸を撫で下ろしましたっけ。買い溜めたたくさんの洗剤はどんどん無くなって、今は収納スペースもすっきりしています。

いつも私が実践しているナチュラルクリーニングの方法を、場所別にご紹介しますね。

重曹とクエン酸。浴用スポンジは台所と同じくヘチマを愛用しています。

わが家のナチュラルクリーニング

お風呂

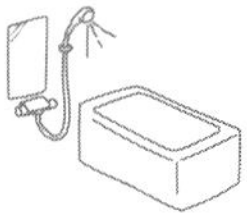

バスタブの内側を濡らしてからセスキ炭酸ソーダ、または水に溶かした重曹で洗います。バスタブの外側や鏡、水道の蛇口などは蓋に穴を開けた瓶に入れたクエン酸を振りかけて、ブラシでこすります。カビには粉末タイプの酸素系漂白剤にぬるま湯を加え、ペースト状にしたものを塗り込みます。梅雨の時期は、カビの生えそうな場所にアルコールスプレーを振りかけて予防しています。

トイレ

主にクエン酸を使っています。便器内に振りかけてブラシでこすって洗うと黄ばみや水垢がすっきり取れます。床掃除はアルコールスプレーを常備しておき、トイレに入ったついでにウエスで拭いています。便座周りも同じスプレーですが、こちらはトイレットペーパーを使って拭いています。

洗面台

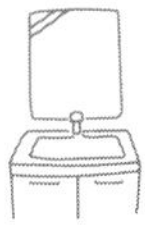

鏡はさらし、洗面ボウルとその周辺はその日に洗うタオルで全体を拭き上げています。まいにちやることはそれくらいで、あとは、洗面ボウルに粉石鹸をかけてヘチマスポンジで磨くこともあります。

衣類

基本は洗濯用の粉石鹸で洗い、柔軟剤要らずです。野球のユニフォームに付着したガンコな汚れには、酸素系漂白剤を使います。

石鹸ひとつで暮らせたら

洗濯用や台所用の洗剤は、すぐにナチュラルクリーニングへ移行できたのですが、シャンプーやリンスは、しばらく一般的なプラスチック製のポンプ容器に入った液体タイプを使っていました。ですが、食事を変えて洗剤を変えていくと、何だか人工的な香りがしんどいなぁと感じるように。それに、詰め替え用を買っても結局出てしまうプラスチックごみもストレスに感じていました。そこで、髪を切ったタイミングで「えい！」と、液体シャンプーをやめてみることに。

最初にトライしたのはオーガニックコスメブランドの固形シャンプー。使い心地は良かったものの２０００円前後とやや高価。その上、子どもたちが面白がって、水の中に石鹸を沈めて遊んでみたり、髪にたくさん付けて「孫悟空」

の髪型にして遊んでみたりと無駄遣いをするので、あっという間に無くなってしまいました。これじゃあさすがに経済的に厳しい。

そこで、思い切って普段使っている固形の浴用石鹸で洗ってみました。最初は案の定、髪の毛がギシギシ。ところが、何度か使ううちに頭皮がすっきり洗い上がる感じがして心地良くなりました。私の髪は猫っ毛で、すぐにぺたんとなってしまうのですが、根本がふわん！　と立ち上がるように。

リンスには、玄関先のハーブ棚で採れたローズマリーを漬けたビネガー（ボブヘアで大さじ1くらい）をお湯を張った洗面器に入れて薄めたもの。これで髪をすすぐと洗い上がりのギシギシ感がなくなります。最後にもう一度、何も入れていないお湯ですすいだらおしまい。お酢の匂いが気になる方は、白ワインビネガーを使うと香りが穏やかです（お肌が荒れる人もいるので、ご判断のうえお試しになってくださいね）。

石鹸ひとつで、髪から身体まで洗う。この生活、とにかく簡素で心地が良いのです。そして、こんなに簡単で良かったのね！　と自分でもびっくり。

石鹸ひとつでも暮らせること、もっと広まればいいなぁと思っています。

プラごみを出さないデンタルケア

デンタルケア用品は、竹製の歯ブラシと、天然繊維でできたデンタルフロスを使っています。歯磨きする時は塩とココナッツオイルで手作りした歯磨きペーストを。

マウスウォッシュは、コップに水、重曹少々、ハッカ油数滴を垂らして混ぜたもの。デンタルケア用品も手作りすると、使い捨てのプラスチックごみを随分減らすことができ、軽やかに暮らせます。

歯磨きペースト

塩小さじ1、ココナッツオイル大さじ2、ハッカ油数滴を混ぜ合わせます。

スキンケアはお金のかけ方にメリハリを

30代前半まで化粧品会社に勤めていた私ですが、あの頃は、日焼け止めや化粧品や洗い流したメイクが、海を汚してしまうなんて考えたこともありませんでした。当時は日焼けご法度、シミは営業妨害でしたので、日々、絶対に焼けないという日焼け止めを使用し、バカンスに行った先ではそれをいつもの３倍塗りたくっていました。

強力な日焼け止めには、海に流れ出ると海の生態系を脅《おびや》かす成分が入っていることがあります。それを数時間置きに塗り直していたのですから、今考えるとひどい話です。海の生き物たちに申し訳ないことをしたなぁと、反省するばかり。また、アイシャドウやパウダーのラメやパール、洗顔料や美容液、乳液にもマイクロビーズ（ポリエチレンやポリプロピレンで作られた小さなビーズ）が入っていて海洋汚染の原因になることを知ったのは、ここ数年のこと。化粧品の開発のために動物実験を行う企業があるということも、当時はほとんど考えたこともありませんでした。

中身を詰め替えできるスキンケア用品やメイク用品も売られていますが、たいてい詰め替えの中身が入っている方の容器もしっかりとしたガラス製やプラスチック製。

そんな小さなことですが、エシカルな暮らしをしていく中ではストレスに感じるようになりました。それらを減らすには手作りするのが一番だなぁと考えるように。メイク用品はオーガニックブランドのものを選び、自分で作ることのできるスキンケア用品は手作りするようにしています。

化粧水とオイルは手作り

私がいつも使っているカンタンな化粧水とオイルをご紹介しますね。

色々なスキンケア用品を試してきた私ですが、肌にとって大切なのは、汚れをしっかり落としたうえで保湿をきちんとすることだと感じています。

カンタンな化粧水 （右）	植物性グリセリン１に対し精製水６の割合で混ぜるだけ。
カンタンなオイル （左）	太白ごま油を小鍋に入れて（お好みで乾燥させたよもぎあるいはローズマリーを入れても）、とろ火で30分ほど温めてから冷まします。化粧水のあと指先に取り、マッサージするように塗っていきます。

※手作りのスキンケア用品は全てパッチテストを行い、ご判断の上お使いください。
※アレルギーのある方はご使用をお控えください。

このシンプルな化粧水とオイルは、そんな経験もあって愛用しています。化粧水とオイルを手作りするだけで、ごみが減るだけでなく節約にもなります。市販のものも時々使いますが、その際はメーカーのホームページで動物実験が行われていないこと、環境に配慮されているかを確認しています。ご自身の中で、これだけは譲れないという視点を持ち合わせるのが良いかもしれません。

スキンケア用品は、私たちを癒やし、美しさを保ってくれるもの。人を美しくするためのお化粧品が、地球を汚していたら悲しいなぁと思うのです。

さらしの
シートマスク

スキンケアでもさらしが活躍します。顔を覆うサイズに切ったさらしの中央ほどに切れ目を入れ、水を含ませギュッと絞ってから化粧水を含ませてシートマスクとして顔にのせます。

季節行事のゼロウェイスト・アイデア

お正月にクリスマス、節分に桃や端午の節句。家族の誕生日。学校行事。子どもがいると1年はとっても賑やか。

最近は季節行事の飾り付けグッズも、百円ショップなどにたくさんありますが、すぐごみになるものはできるだけ買わないようにしています。そこで部屋の飾り付けに使えるのが絵本。

クリスマスには、昔から持っているブリキのクリスマスツリーの周りに、クリスマスの絵本をキャンドルや松ぼっくりと飾り、雰囲気を出します。お正月のしめ縄は、家で育てているレモングラスとオリーブを輪っかにして、紅白のリボンを結んだらそれなりに見え、家族にも可愛いと好評でした。また、リボン以外はそのままコンポストに入れて分解できました。

ツリーとして、観葉植物にリボンやオーナメントを飾り付けるのも可愛くておすすめです。

さらし・ティッシュ・トイレットペーパーをリビングで使い分ける

何気なく使っているティッシュやトイレットペーパーは、一度使ってしまうと、リサイクルに回されることは基本的にありません。

トイレットペーパーは、古紙が使われている芯なしタイプで、余分なパッケージが無く、段ボールに入れて売られているものをインターネットでまとめ買いしています。ティッシュは竹パルプ配合のものを選んでいます。竹は成長が早く、農薬を使わずとも育つことから、木材に代わる人と環境にやさしい素材として注目されているからです。

わが家ではさらし・ティッシュ・トイレットペーパーを同じ場所に置いておき、各自が用途によって使い分けるようにしています。

飲み物などをこぼした時の拭き取りは、さらしで十分ですが、汚れ物を拭きたい時は、なるべくトイレットペーパーを使うようにしています。ティッシュを使うのは、トイレットペーパーの強度では難しいものの拭き取りや顔周りに使いたい時など最終手段。ティッシュボックスの上にはさらしなどを置いて、あえてちょっと使いにくくしておくのもポイントです。

リビングに置いたワゴンの中にティッシュ・トイレットペーパー・さらしをまとめて設置して、点在させないようにしています。

捨てる前に「もう一度活躍の場をつくる」習慣を

「〇〇専用のものは持たない」は、いつも心掛けていることのひとつですが、もうひとつ大切にしていることがあります。それは「捨てる前にもう一度活躍の場をつくる」ということ。もっと言えば、使い切って捨てるということでしょうか。

要らなくなった布類は、人にシェアできるものとリサイクルに回すものとに分けます。それ以外の処分するものは、時間の空いた時に（私は動画や映画を観ながらやっています）ハサミで小さく切っておき、部屋の至る所にストック。雑巾として繰り返し使うほか、子どもが吐き戻してしまったなど、素手で触れたくないものを拭いた時でもそのまま捨てられます。

他にも、食器洗いで使ったヘチマスポンジを排水口や屋外の掃除用に回したり、古くなったボトル洗い用のブラシを、トイレ掃除用に回したり。捨てる前に別の活躍の場を考えてみるのも、発見があり楽しいものです。

さらしはフローリング用掃除シートとしても使います。愛用している木製のフローリングワイパーに挟んで繰り返し使います。最後は玄関のたたきを拭いてさようならです。

「必ず家に入ってくるもの」はリユース方法を決めておく

「普通の生活をしていれば、必ず家に入ってくるもの」は、リサイクルに回すのはもちろん再使用の方法も考えておくと、ごみの量を減らせます。わが家は、ローズマリーなどの挿し芽をしたり、野菜の種のベッドにしたりしています。

- **紙の卵パック**：種まきや挿し芽に使えます。
- **包装紙や緩衝材の紙**：ザルの上に敷いて、お茶殻やコーヒー殻などを乾燥させる時に活用しています。緩衝材として再び使うこともあります。
- **保冷剤**：夏の暑い日、さらしで包んでから犬の首元に巻いてあげます。
- **牛乳パック**：開いて不要になった授業用プリントを上に敷き、掬《すく》い取った揚げ物のカスを置くときに使っています。また、古い油を捨てる際は、要らなくなったプリントや紙類を小さくちぎって湿らせて牛乳パックの中に入れ、油を流し込みます（油の処理方法は、お住まいの自治体のルールを確認してください）。

本当に小さなことですが、これらを何年も積み重ねていると相当なごみの減量になると思います。

卵パックにヘチマの種を
植えて育てているところ。
実を収穫したら、スポン
ジや化粧水を作ります。

不要なハガキ DM は縦に
何回か折り重ねると、コ
ゲ落としに便利な掃除用
スティックになります。

暮らしが整う洋服選びと買い方

若い頃の私は、メイクやファッションがとにかく好きで、学生時代はアルバイト代の全てを、コスメや洋服代に注《つ》ぎ込んでいました。憧れはキャリー・ブラッドショー（ご存知ですか？ 海外ドラマ『SATC《セックス・アンド・ザ・シティ》』の主人公です）。靴はピンヒール。バッグはブランドもの。そんな日々を送っていましたっけ。

子どもが生まれると、さすがにブランド品を買いに行く余裕は無くなりましたが、その代わり夢中になったのがファストファッションでした。

可愛くて「今の気分」になれる洋服が数千円で買えるし、毎週のように新作が出るのです。洋服好きとしては、お店に行くたびに、ディスプレイが変わっているのにワクワクし、セールにはカゴいっぱいに買い込んでいました。

ところが、食べ物や住まいをエシカルにしてゆく中で、アパレル業界が抱える環境問題を耳にすることになります。それでもしばらくは、見て見ぬふりを決め込んでいた私。好きなものを諦めなきゃいけないのかぁ……と、少しナーバスにもなりました。でも、やっぱり無視はできない状況に、少しずつ「ちゃんと知りたい」と思うようになります。

そもそも、アウターなんて、昔は何万円も出さなければ買えなかったので、1着を大切に着ていたのに、最近は数千円で買えるものもたくさん。これって何でかな？　と自然に考えるようになりました。

まずは素材の見直しから

安いコットンの服を子どもたちが小さな頃は、随分買いました。すぐにサイズアウトする子どもたちの洋服は安ければ安いほど嬉しいですものね。コットン自体は自然素材ですし、なおかつ安いなら「いいやん！」と思っていました。

ですが、その生産地での児童労働や、強制労働、農薬による健康被害や環境汚染は深刻な問題となっています。追い討ちをかけるように、ある事故のことを知りました。

2013年、バングラデシュで世界的アパレルブランドの下請け工場が入っているラナプラザビルが崩壊し、多数の犠牲者を出したラナプラザ崩壊事故。犠牲者の過酷な労働環境が問題になったこの事故は、服を使い捨てるように着ている自分への警鐘のように感じられました。

またアパレル業界には「捨て色」なるものが存在しています。

これは、色違いで服を作る時に、カラーバリエーションの中に売れない色の商品をあえて入れることで、より一層定番の色を買わせるという消費者の心理を操る方法です。そして売れ残った捨て色の服は、シーズンが終わったら大量廃棄する。SDGsの普及もあって、こういったことが問題視されたり、改善が進められたりしていますが、一人の生活者としてできることを考えた時に「シーズンごとに取っ替え引っ替えするファッションはもうやめよう」と決意。

そして自分なりにできるエシカルなファッションについて考えるようになりました。

古着屋さんを利用するときのコツ

新しい洋服を買う時は、オーガニックコットンを使ったものやフェアトレード商品をなるべく選んで購入しています。と言っても、どこでも売っているわけではありませんので、必然的に洋服を買う機会は少なくなりました。そういった洋服は、やはりお値段はそれなりに覚悟しなければいけない部分もあります。

そこでよく利用しているのが古着屋さんです。

郊外にもたくさん出店しているブックオフ（洋服を扱っている店舗があります）やセカンドストリート、トレジャーファクトリーなどの古着コーナーには、子どもから大人までの古着が揃っています。ニットなどは、男性ものの方が良いものが多く、素材も天然素材のみである確率が高いので、メンズコーナーでも探しています。

子どもたちの洋服は、すぐにサイズアウトしますし、わが家の子どもたちは砂だらけになって遊んだり、どこかに引っ掛けて破ってきたりするので、古着がちょうど良いのです。

古着屋さんのメンズコーナーで見つけたウール100%のニット。

古着でも、洋服を買う時は必ず「素材」をチェックしています。コットンならコットン100%。リネンならリネン100%。

単一素材（モノマテリアル）でできた洋服は、リサイクルしやすいからです。

最近は、使い終わった洋服のリサイクルボックスを設置している洋服屋さんもたくさんあります。私自身も、着なくなった服があればリサイクルボックスを利用したり、古着屋さんに売りに行ったりしています。

憧れスタイルで洋服を定番化する

浪費するファッションをやめられたのは、コーディネートを定番化したことが大きかったのだと思います。服をたくさん処分した中で、思い浮かべたのは「自分はどんな風に年齢を重ねたいか？」。

そうすることで、着たい服が明確化してきました。

家では、憧れの物語（４章）に登場するようなワンピースにエプロンを定番に。夏も冬も通年同じワンピースで、インナーを変えて工夫しています。家にいる時は、自分の好きを優先しています。

対して外出の定番は、永遠に大好きであろう黒ワンピースかクロップドパンツ。黒いワンピースは物語の魔女に憧れて。クロップドパンツは、往年のオードリー・ヘップバーンや、ジャクリーン・ケネディ・オナシス、またはブリジット・バルドーなどのファッションが大好きだから。アウターは、20代で購入したバーバリーのトレンチコート１着のみ。靴は、レペットのバレエシューズと決めています。喪服は１着持っていますが、これは義母に買ってもらったものなので、大切にするつもりです。

子ども服は身近な人とシェア

子どもたちはだんだんと好みが出てきて、洋服も親が準備したものは着なくなってきています。本人たちが好むのはノースフェイスやアディダスの服ですが、新品は高くてそうそう買えないので、古着で探しています。

アディダスは、海洋プラスチックごみを集めて作られた「END PLASTIC WASTE」と書かれているリサイクル素材を使用しているものをよく選んでいます。

子どもたちも大きくなり、親子で洋服のシェアができるようになってきましたので、家族で着回すことも多くなりました。着なくなった洋服は、学童野球のチームメイトにシェアすることもあります。まだまだ小さな子がいるママ友さんたちは、喜んでもらってくれるので、古着屋さんに持っていくよりも、気持ちの良い循環方法です。

仲の良いママ友さんに小さなお子さんがいたら、「お古とかで良ければ洋服やおもちゃ回すよ！」と、声を掛けてみても良いかもしれません。ものをシェアして、持ちつ持たれつ生きてゆく地域を、自分の周りから作っていくのも立派なエシカルアクションです。

子どもの洋服収納

子ども達３人の洋服は洗濯のサイクルが短いので、ベランダ脇に置いた洋服掛けにオープン収納。
ベランダから取り込んでそのまま掛けるので、ハンガーは屋外でもサビずに長く使えるステンレス製です。

子どもたちとのエシカルライフ

わが家には中学生と小学生の子どもたちがいます。鉛筆やら消しゴムやら下敷きやらファイルやらを持ち込んでリビングで勉強を始める頃には、それらがテーブルいっぱいに広がります。

小学校入学時に揃える筆箱、下敷き、鉛筆キャップにハサミ。プラスチックを使っていないものを探すのは本当に大変です。1章でもお話ししましたが、学童用品のプラスチックの多さに頭を悩ませる方は多いようで、インスタグラムの私のアカウントにも「子どもが使うプラスチック製品、どうしてますか?」と、よくご質問をいただきます。

結論から申しますと、わが家の場合は「好きにしなはれ」です。

ですが、選択肢として、プラスチックでないものの提示はしています。鉛筆キャップはアルミ製も家にはありますが、子ども達は好きなキャラクター付きのプラスチック製を好んでいます。下敷きは文句も言わず紙製を使っていますが、筆箱は、自分たちが好きなものを使っていますし、プラスチック製のカラフルなペンやハンコも楽しんでいます。

同じ家族ではあるけれど、子どもたちには子どもたちの世界があり、親の思いひとつでその世界を壊してはいけないなぁと感じています。わが家は環境問題に挑んでいるけれど、決して子どもたちに強制することではないですものね。

消しゴムは「非塩ビ」のものを

ですが、私の中で絶対に譲れないものがあります。

それは消しゴム。消しゴムは、ほとんどがポリ塩化ビニル（塩ビ）と言って、プラスチックの中で、最も有害とされるものが使われていることがあります。1日のうちに何度も触る消しゴム。そんなこんなでわが家は、天然のゴム製か「非塩ビ」と書かれている消しゴムを選ぶようにしています。それだけは、子どもたちに説明して「これにして！」とお願いしました。

日常の中に2つ以上の選択肢があることで、子どもたちが自分自身で比較して選び取る練習になります。今は、プラスチックを選んでいるけれど、未来は違うものを選ぶかもしれない。でも、他の選択肢があることを知らなければ、それは無いのと同じです。そんな小さなことが、未来の自分自身を決めていくのだと信じて、子どもたちと向き合っています。

おもちゃは生活用品をリユース

小さな赤ちゃんを見ていると、既製品のおもちゃよりもビニール袋の感触を面白がったり、新聞紙をぐちゃぐちゃにして遊んだりする方に興味を惹《ひ》かれたりしていませんか？　おままごとセットより、大人が使っている本物のお玉やしゃもじを使いたがることも。

わが家の子どもたちが遊んだお砂場道具は、全て夫のおばあちゃんの家から出てきた不要となったキッチン道具でした。砂場で広げて遊んでいると、ご近所の子どもたちが「これ、使っていいん？」と目をキラキラさせて尋ねてきたことが、今でも忘れられません。

工作用品も、今では百円ショップでもキットがあります。でも、空き箱を取っておき、丸やら三角やら四角やら不揃いな箱を組み合わせて作る工作は、世界でひとつだけのオリジナル作品。そして、知らない間に図形の学びもできるという素晴らしい遊び体験。お金もかからず一石二鳥なのです。

子ども達が遊んだウォルドルフ人形。今でも部屋に置いて大切にしています。

陶器製の人形遊び用の雑貨。
本棚の上の可愛いアクセントに。

ネフ社の積み木。スイスのおもちゃメーカーとあって、デザイン性も抜群です。

長く使えるおもちゃを選ぶ

一時期、モンテッソーリやシュタイナー教育の幼稚園や保育園の、園庭開放にお邪魔していたことがあります。お邪魔するたび、子どもたちとの関わり方のヒントをもらえる貴重な体験でした。この時の影響で、わが家で揃えたおもちゃは、ネフ社やグリムス社の積み木や、ウォルドルフ人形。ウォルドルフ人形は、表情がどんな風にも読み取れます。「泣いている」「笑っている」など、子ども自身が自分で想像して遊ぶことができるのです。子どもたちが遊ばなくなった今も大切にとってあり、本棚の一角でインテリア雑貨として活躍中です。

子どもが誕生日に「どうしても欲しい！」と言ったゲームは、ブックオフなどで中古品を買い、飽きたらまた売ったり譲ったりしています。

大切にしているのは、子どもたちと読んだ絵本たち。

絵本の世界は、心にすっと染み込む真夜中のココアのようで……。大きくなった今でも、時折、寝る前に開いて心を遊ばせて欲しいので、家族の寝室のクローゼットに置いています。

プラスチックフリーのお片付け

皆さんは「片付けられる人」ですか？

実は私、「片付けられない人」でした。雑誌や書籍で「ものの住所を決め、元の場所に戻せば散らかりません」なんて記事を見ても、「それができへんから、散らかりまんねん」と思ってしまうタイプです。

SNSで見かけた美しく整えられた家々に憧れて、小さなプラスチックケースで引き出しの中を仕切り、悦《えつ》に入《い》っていたこともあります。

でもすぐに元通り。

「あぁ、私には美しく収納することはできないのね」なんて、落ち込んでいたことも。ですが、片付けないわけにはいきません。そこで、誰かの真似はやめて「今ここにあるもの」で片付けをすることに。

そこで登場するのが空き瓶や空き缶、ノベルティでもらったマグカップや使わなくなったお弁当箱などです。

小さな空き缶には、押しピンやクリップを。大きな空き缶には、レターセットや布の端切れなど。置いているだけで可愛い空き箱や空き缶は、立派な収納用品です。この方法にしてから「なーんや！プラスチックケース、要らんやん！」と。わざわざ買わなくても代わりが見つかるものです。

子どもの収納は少し不便がちょうどいい

子どものおもちゃが増えて収納を考えていた時、小さな気づきがありました。最近の暮らしって、子どもが手を動かす機会がどんどん減っているのです。自動で水が出る蛇口、水が勝手に流れるお手洗い、自動で掃除を始める掃除機。手を動かしたり、身体を動かしたりしなくても、簡単にできることの多いこと多いこと！　でも、私は個人的に「ちょっとマズくない？」と感じていました。それって、蛇口をひねることも、トイレを流すことも、ごみをどうやって集めて部屋を綺麗にするかも知らないまま大人になるってことです。便利を享受できることは、とっても素敵なことだけれど、身体の動きを体得することは今しかできないですものね。

というわけで、子どもたちの収納も「簡単にしまえる、簡単に取り出せる」ではなく、ちょっとだけ、中身を考えたり指先を使ったりしなければおもちゃを取り出せないような収納方法にしたのです。

空き瓶・空き箱・空き缶収納のメリット

小さなビーズやおもちゃのお金、フィギュアやビー玉。これら全ては、大小さまざまな割れにくい空き瓶に入れています。蓋のサイズが合っていなければ、瓶は閉まりません。ですから、どれがどの瓶の蓋かを考えて、手先を使わなければ、おもちゃや雑貨をしまうことができない仕組みになっています。

お菓子の空き缶も、大いに活用しています。一目瞭然《りょうぜん》の収納はとっても素敵なのですが、時には小さな困難があると、子どもはぐんと成長するもの。空き瓶や空き箱、それに空き缶を使ったお片付けって、とっても良いものですよ。

新漢字辞典

エシカルなネットショッピング

２０２０年の春、それは世界中の人たちの価値観がぐるんと大きく変化した春ではなかったでしょうか？　コロナ禍によっていつも通りに出掛けることや、普通の暮らしを営むことが難しくなりました。でも、そんな制約を強いられる中、家に居られるって悪くないなぁと感じていたのも事実でした。

ネットショッピングをする機会の増えた時期でもありましたね。

輸送にはコストもエネルギーもかかりますから、なるべく近所のお店で買いたいもの。ですが、環境が整った場所に住んでいる方ばかりではありません。それにネットショップの方が商品豊富で、コレ！　と思う商品があったりしますものね。

ネットもエシカルにうまく使いたいものです。

ごみとCO_2を減らすために

まず、インターネットでお買い物する際は、配送が少ない回数で済むよう、必要なものを月に一度まとめて注文しています。ここ数年、ネットショップの梱包《こんぽう》の簡素化がかなり進みましたが、ショップによっては過剰梱包のお店もあります。注文時に配送方法に関する希望を書ける場合は、「※簡易梱包希望です」「できれば緩衝材は紙や新聞紙でお願いします」と記入するようにしています。再配達をしてもらうことが無いよう、配送日の指定も忘れません。

もうひとつは、ネットショッピングはネットでしか買えないものに徹すること。歩いて行ける範囲にあるものや、ついでに買えるものは、そのお店で買うようにしています。

私がいつもネットで買うのはネットでしか買えない簡易包装のトイレットペーパーや、店頭で探してもなかなか無い、大容量の重曹やクエン酸、竹製の歯ブラシなどです。

保護犬がくれた心豊かなまいにち

わが家には11歳の元保護犬でトイプードルの女の子のジジがいます。もちろん『魔女の宅急便』の黒猫ジジからいただいた名前です。今のところ、魔法は使えないみたいです。

ジジがわが家に来たのは、ジジが6歳の時。動物愛護センターで殺処分の対象になっていたところを保護団体に引き取られた犬です。犬を飼おうと決めたのは子どもたちの「犬が欲しい！」の要望に、親が根負けしたというのが本音。

少し事情をお話しすると、ジジはペットショップで仔犬を産むための繁殖犬として飼われていた犬です。住処は小さな小さなケージの中。散歩に出かけたこともありませんし、誰かに抱っこされた経験も無いとのことでした。わが家にやってくる時に、初めて外の空気を吸い、わが家にやってきて初めて、誰かに抱っこされ、お散歩をしました。

ジジは、当初は人間不信で、私たち家族のことも随分警戒していましたが、たくさん抱っこをするうちに抱っこが大好きになり、いつも一緒にいることで、私たちのことを心から信頼するようになりました。

今ではお散歩の途中も、ずっと私の顔を見つめながらお散歩するジジ。ご近所の方に「ずっとお母さんの顔見てるやん！　よっぽど信頼してるんやね！」と言われた時は、とっても嬉しかったです。

人間の都合で心を痛めてしまったジジですが、わが家に来て、その心の痛みが、少しでも無くなっていたら、こんなに嬉しいことはありません。

ペット用品のごみを減らすために

犬との暮らしも、できるだけエシカルにしたいもの。わが家の場合をお話ししますと、お散歩グッズのプープバッグは、野菜や食品が入っていたビニール袋や紙袋を再使用しています。歯磨きに使っているのは、お庭のハーブとさらし。ペパーミントやローズマリーを水に浸したハーブウォーターにさらしを浸し、歯を磨いています。

　また、シャンプーは私と同じく、無添加の浴用固形石鹸です。お湯にハーブを浮かせたハーブ風呂で、ノミやダニが寄ってこない工夫をしています。

　ハーブの使い方は動物の種類によって、禁忌事項などもありますので、おうちの動物たちに合うかどうかを調べてから、試してみてくださいね。

　今ではかけがえのない存在になったわが家のジジ。子どもを産まなくなったからと言って飼育を放棄するのは、人間のあまりにも勝手な行動です。

　保護犬の全てを救えるわけではありませんが、ジジが残りの犬生を「生まれてきてよかったなぁ。この家に来られて良かったなぁ」と感じてくれたらいいなぁと思いながら、まいにちを過ごしています。

パッケージに使われていたプラスチック製の袋をジジのプープバッグとしてリユース。

植物を暮らしに取り入れる

「森に住みたい」と幼い頃から夢見ていましたが、未だに叶っていません。でも、憧れを憧れのままで終わらせるのはもったいない。家を森みたいにしようと思いたち、観葉植物を育て始めたのはコロナ禍の頃でした。

古い物語が大好きな私は「蔦《つた》の絡んだ古いお屋敷」に強烈な憧れを抱いていました。そんな私がまず置いたのはポトス。ポトスは成長が早く、お世話が簡単な観葉植物です。蔓《つる》をピンで壁に引っかけたり、カーテンレールにぶらさげたりするとぐんぐん伸びてくれるので、部屋の中でも「蔦の絡んだ古いお屋敷」感が出るのです。お次は、「木陰で読書」を叶える番です。エバーフレッシュやウンベラータなど、比較的大きなシンボルツリーのそばに椅子を持って行って本を読むのは至福の時。大きな庭がなくても、お家の中で「木陰で読書」が叶うなんて、素敵ではありませんか？

植物の葉は、光合成をする際に二酸化炭素とともに空気をきれいにしてくれたり、天然の加湿器の役目も果たしてくれたりします。

わが家の観葉植物はほとんどが子どもたちからのお誕生日や母の日のプレゼント。子どもたちからもらった植物なら「絶対に枯らしちゃならん！」とこちらの気合いも入るというもの。何より、新芽が出たりする嬉しい発見を室内でできるのでまいにちが楽しくなります。

また、屋外では小さな鉢植えでハーブたちを育てています。ハーブウォーターを作ったり、ケア用品を作ったり、暮らしの中の手作りを助けてくれる私の良き相棒たち。鉢植えは素焼きなどを使っていますが、実は木箱や少し壊れてしまったカゴなども鉢にできるのです。水やりは、使い古したやかんで。グリーンカーテンは麻紐でできたものを使っています。

暮らしはもちろん、心にもちゃんと効いてくれる植物は、ゆるエシカルライフに欠かせない相棒のようなものです。

03

貫いた自分流のライフスタイル

『ターシャの家』（KADOKAWA）

アメリカを代表する絵本作家、ターシャ・テューダー。もし「どんなおばあちゃんになりたい？」と訊かれたら、迷いなくこの人の名前を挙げると思うほど憧れている人です。

ガーデナーとしても有名なターシャは、蠟燭《ろうそく》の炎を愛し、自給自足を愛し、草花を愛し、暮らしに必要なものを手作りし、92 歳で亡くなるまでその生涯を自分流のライフスタイルで通した女性。名家に生まれながらも、社交界デビューを断り、「牛を飼いたい」と言ったというターシャ。古き良きアメリカの暮らしを実践し、４人の子どもたちを育てました。何よりも憧れているのは、秋の深まる時期、１年分の蠟燭を作るという季節の仕事。そんな私は、ターシャの本を眺めながら暮らしのヒントをもらっています。

ターシャ・テューダー　*Tasha Tudor*

1915 年生まれ。絵本作家、挿絵画家、ガーデナー、人形作家。56 歳の時にアメリカ・バーモント州の山中に、18 世紀風の農家を建て、美しい広大な庭を一人で造り上げ、自給自足・手作りの暮らしを行った。

第４章

物語が教えてくれた エシカルな暮らし方

わが家の２階には、秘密基地のような「本の小部屋」があります。
大人になった今、子どもの頃に夢中になった物語を
読み返してみると、現代の暮らしにも十分役立つ、
エシカルな暮らし方のヒントがたくさん見つかりました。

名作物語はエシカルなヒントがたくさん

幼い頃、たっぷり遊んだ帰り道。長くなってついてくる自分の影を、今でも時折思い出すことがあります。

1日が終わるのが惜しくて、夜の闇に飲み込まれそうで、急ぎ足で家路につく時の、あのなんとも言えない不思議な気持ち。あの気持ちには、未だに名前を付けられずにいます。

夜になると不安で、眠れなくなる子どもでした。そのくせ、いつも「ここではないどこか」へ行きたいと思っていました。だからでしょうか？　枕元に山ほど物語の本を積み上げて、眠くなるまで読み耽《ふけ》るのが私の日課。

母に読んでもらった絵本はもちろん、自分でページを捲《めく》れるようになると、物語の世界に夢中になりました。

石盤を誰かさんの頭で叩き割った、赤い髪をしたかんしゃく持ちの女の子。

家族の旅費にするため、豊かな自慢の髪を差し出した、男まさりの女の子。少女たちの必読書だったという『四人姉妹』を読んだことの無い、孤児院出身の女の子。片っぽは茶色、片っぽは黒い靴下を履いた、世界一《いち》つよい女の子。屋根裏部屋に住み込む女の子。

物語の主人公たちに心ときめかせ、「あぁ、こんな風になりたいなぁ」なんて思ったことは、一度や二度ではありません。

さらに憧れは物語のディテールにも。

子どもが飲んではいけなかった「いちご水」。お見舞いのブラマンジェ。干しぶどうの入ったパンやバターつきパン。木の上で飲むコーヒー。少女たちのお茶の時間。屋根裏部屋の読書。本を読みながら齧《かじ》るりんご。物語の全てにとにかく憧れて、そんな事を想像することが楽しくて仕方がなかった少女時代でした。

でも、いつかはそんな少女時代を、ぷっつりと切り離さなければいけないと思っていました。それが大人になることなんだとも感じていたのでしょうね。「大人になって子どもの本を読むなんておかしいかも」と、無理矢理大人の本を読んでいた時もありましたが、全然本の中に入っていけず、「私の本好き時代は終わったのかぁ」とため息ばかりついていましたっけ。

大人の本がどうも心のサイズに合わず、ずーっと何かをなくしたみたいで、寂しい時間を過ごしていた頃、世の中に『ハリー・ポッター』ブームが訪れます。

本屋さんに積まれた『ハリー・ポッター』を大人たちが求める姿に、「あれ？この本、大人が読んでもいいいん？」と少し気がラクに。

もう十分大人だった私でしたが、ハリー・ポッターが起こす社会現象にワクワクし、シリーズを買って読んでみると、幼い頃のドキドキやワクワクの波が一気に押し寄せてきたのです。布団に潜り込んで、主人公と旅をするあの臨場感。物語の結末を、知りたいような知りたくないような、あのジリジリする心の葛藤。本を読むことが楽しくて楽しくて仕方なかった、あの頃の情景までも、そっくりそのまま思い出すことができました。そこには「ここではないどこか」が、そっくりそのままあったのです。

そんな時ふと「昔読んだ本たち、今読んだらどんな風に感じるかな？」と『赤毛のアン』を読み返してみました。

本の扉をノックすると、すぐに懐かしさと甘酸っぱさとに包まれました。

リンド夫人が窓辺に座りながら、村の隅々まで目を凝らし、クスバート家の異変に気づく冒頭シーンから、それはもう、心臓が跳ね上がるほど楽しくて楽しくて……。歓喜の白路、おばけの森、輝く湖水などのアンがつけた、さまざまな名前。それだけではありません。紫水晶のブローチをなくしてしまったと嘘の告白をするシーン。髪の毛を緑色に染めてしまって嘆き悲しむシーン。名誉をかけて歩いた屋根のむね。まるでカナダのプリンス・エドワード島にある、アヴォンリーという村に吹く風に抱かれているような感覚になりながら、物語を一気に読み終えました。そこには、何者にも侵せない、アンの世界が広がっていました。そう。何ひとつ色褪《いろあ》せずに。

「あぁ、やっぱり好きやなぁ」

その時、私の中で何かが吹っ切れました。このまま、この「好き」を大切にしよう。いつまでも子どもの本の中に住んでいる自分も、ジブリ映画ばっかり観てしまう自分も、魔女になりたいと時々ちょっぴり本気で思っている自分も。全部ひっくるめて、大切にしてあげようと、素直に思えたのです。

それから、幼い頃に読んだ本を、ゆっくりゆっくり、噛み締めるように味わい尽くしました。そして、それらの本には本当に本当に大切なことが書かれていることに気づいたのです。

大好きな物語『赤毛のアン』は１９０８年、この世に誕生しました。考えてもみてください。ほんの１００年ほど前のお話です。物語の中では、馬が車を走らせ、蠟燭《ろうそく》の灯で本を読み、食事や洋服など、暮らしに関わる多くのものを手作りしていたのです。

幼い頃、物語の世界は全て絵空事だったのですが、大人になった今、現実として迫ってくる部分がありました。例えば、アンが初めてグリン・ゲイブルスに到着した晩の食事はバターつきパンと野りんごのさとう漬けです。質素な食事に、当時の農家の暮らしが見え隠れしています。

マリラが「ねまきはあるんだろうね」とアンに尋ねると、２枚あると答えます。それも、おそろしくきっちきっちなものを大切に着ているのです。ダイアナとのままごとには、欠けた陶器のお皿を使い、紙は貴重だったため石盤を使って学びます。

そんな暮らしの一つひとつが、環境にやさしいものだったことが、大人になってから手にとるようにわかってきました。

大好きな物語が、私の現在の暮らし方に大きな影響を与えています。

私が実践しているエシカルな暮らしは、決して新しい暮らし方なんかではなく、暮らしの時計を少しだけ前にずらすこと。

この章では、そんな違った視点から、エシカルな暮らしを覗いて、ぜひ心を遊ばせてくださいね。

ローラの暮らしはエシカルそのもの

『大草原の小さな家』という古いドラマをご存知ですか？

幼い頃、ＮＨＫで再放送していたこのドラマを観ていた記憶があるのですが、内容はあまり覚えていません。というのも、幼な心に本で読んだ物語の方が衝撃的だったからだと思います。

この物語は『インガルス一家の物語』として、９冊ものシリーズが刊行されています。

物語は『大きな森の小さな家』から始まるのですが、とにかく冒頭からワクワクが止まらなかったのを今でも思い出すことができるほど、この物語は私に大きなものをもたらしました。

何しろ、その物語の主人公ローラは「とうさん」が作った丸太小屋に住み、移動ベッドなるもので眠ります。ベッドの中で耳を澄ませば、時折聞こえてくるのはオオカミの遠吠え。目覚めれば、家のまえにある大木に捕えた鹿が2匹ぶら下がっているのです。

一方私はといえば、誰が建てたのか知らない家に住み、押し入れから出した布団で眠り、耳を澄ませば、時折聞こえてくるのはやかましいバイクの音。鹿には奈良でおせんべいをあげるものだと思っていました。

そんな自分の周りにあるものとの、あまりの違いも手伝ってか、一気に物語に引き込まれていきました。

鹿肉で作る燻《いぶ》し肉。パンにつけるかえでみつ。豚肉から取れるラード。

幼い頃はそれらが何かわからず、ただその描写にワクワクしていたのですが、燻し肉はベーコンであること。かえでみつはメープルシロップ。豚肉から取れるラードは食用油だと大人になって読んだ時、やっと理解することができました。

「あ、そっか！　昔はこんなものも家で作っていたんだ！」と知ることができたのも、この物語たちのおかげです。

心惹かれたのは、ローラの持っているお人形。だって「とうもろこしの芯」をハンカチでくるんだお人形なのですから。

でも、そのとうもろこしの芯のスーザンを、心から大切にしているローラが、なんだかとっても羨ましかったのです。自分の周りは、たくさんのおもちゃで溢れているのに、心から大切にできているものなんて、何ひとつない。

この、質素だけれど豊かで幸せな暮らしの、何物にも代え難い感じはなんだろう？　そして、ものに溢れて、便利さに溢れているのに、どうして私は「ここではないどこか」へ行きたいと思っているのだろう？　真冬に外へ出ると、凍ってしまうほど寒いのに、なぜ、こんなに幸せそうなんだろう？　「とうもろこしの芯」を、どうしてそんなに大切にできるのだろう？　なんだか、ローラはすっごく幸せそうだなぁと、ずっと思いながら読み進めていたのを覚えています。

大人になってこの物語に再会した時、その幸せの正体が見えてきたような気がしました。ローラの幸せは、言うなれば「暮らしの確かさ」にあったのだと思います。

もちろん、当時は現代よりももっともっと、暮らしが不安定な時代です。ひどい吹雪に襲われて、何日も家から出られなかったり、せっかく作った農作物をイナゴの大群にやられてしまったり……。暮らしの苦労は、はるかにこの時代の方が多かったはず。

ですが、誰かに寄りかからず、自分たちで暮らしを営んでいるのだというその確かさが、幸せの正体のように思えて仕方がないのです。

そして、自分の暮らしは自分で作るものだということも、この物語に教えてもらった大切なことのひとつでした。

私のエシカルな暮らしのお手本に、このシリーズは絶対に外せません。

アンに学ぶミニマルな生き方

「あたし、気に入ったつもりになるわ。」
アンはまじめにこたえた。
「そんなつもりになんぞ、なってもらいたくないね。」

こんなやりとりに、クスッと笑えるのは『赤毛のアン』という物語を読む、大きな楽しみかもしれません。このセリフは、手違いでやってきた孤児のアンを、マリラがグリン・ゲイブルスに置くという決心をした後、アンのために拵《こしら》えた3着の洋服を見せた時のアンの一言です。

当時流行だった「ふくらました袖」の洋服を期待したアンが、あまりに質素で質実剛健な洋服に落胆した時に思わず出した言葉にも彼女らしさが溢れています。「そのつもりになる」のは、アンの得意技。

では、その3着の洋服とはどんなものなのでしょう？

それは、こげ茶のギンガム、黒と白のごばん縞《じま》の綿じゅす、ごわごわした、いやな色の青い更紗《さらさ》の合計3枚。ひだのないスカートが、ひだの無い胴に続き、袖は胴やスカートと同じように、なんの飾りもなくて、きちきちに細い洋服。

「アンがかわいそう！」なんて思いながらも、この洋服は洋服でマリラらしさが溢れていて、私はついクククッと笑いを堪《こら》えてしまうのですが、11歳の多感な少女には、あまりにも……なワードローブです。

でも、少し違った視点から捉えてみると、100年ほど前のプリンスエドワード島では、少女一人が持つ洋服の数が3着程度だったのかなと想像できます。

そういえば、この頃の物語には、他人のワードローブをすっかり頭に叩き込んでいるようなシーンに出くわすことがあります。音楽会に出るアンに、手持ちの白いオーガンディの服を着るように勧めるのはアンの親友・ダイアナでした。

当時のファッションに度々登場する少女たちの可愛いエプロンも、できるだけ洗濯をしなくて済むために必要だったもの。

さて、単純な私はアンの3着のワードローブの文章を読んで「あ、いけるかも」なんて思ってしまい、少しの期間ワンピース3着で過ごしてみるというチャレンジを決行。特に不便を感じることが無かったのは、新しい発見でした。

というのも、それまでは数百着の洋服を持っていても、まいにち着る物に悩んでいたのですが、3着だけとなれば、迷うことがありません。この「迷わない」ということがとっても心地良かった私は、洋服の定数を決めることにしました。

3章で書いた通り、洋服や靴やブランドバッグは古着屋さんに売ったり、知人に譲ったりして、現在はアンよりもだいぶ多いですが、全部で約30着のワードローブです。

ドライクリーニングが必要なものはできるだけ着ないようにすることだって、環境負荷の少ない洋服の選び方。家で洗うなら、洗剤を環境にやさしいものにもできますし、汚れた場所だけ洗うなど洗濯の仕方だって選べますしね。

いつかは、できれば、グリン・ゲイブルスにやってきた時のアンのように、手さげかばんの中身が全財産だというミニマルな生き方をしたいものだなぁと思っています。

物語の魔女たちは生きるお手本

ふかいふかい森の奥に、ふるいふるい一軒家がありました。ひしゃげかけた屋根に、わたぼうしみたいな煙の絶えない煙突がついていて、壁にはつたが絡み付いています。大きな木の扉には箒が立てかけてあって、脇にはしんちゅうの大きな呼び鈴がついていました。この家に住んでいるのは、この家と同じくらいふるい魔女です。魔女は、これ以上ないくらい、この家がお気に入りでした。

これは、小学校5年生の私が書いた物語のはじまり部分です。外では快活なスポーツ少女でしたが、実はこっそりと、ノートに物語を綴《つづ》ったり、想像の魔女の名前を書いたりするのが大好きでした。

このノートにお姫様は登場しません。「何から何まで、召し使いがやってくれる人生なんか何が面白いねん！」なんて子どもながらに思っていましたっけ。その反面、物語の魔女にはとてつもなく憧れていたのです。

ドイツの作家、オトフリート・プロイスラーが書いた『小さい魔女』の主人公は、深い森の奥に一人で暮らす１２７歳の魔女（前述の物語は明らかにこの物語の影響です）。

アブラクサスという賢いカラスと住んでいる小さい魔女の暮らしは、とにかく自立しています。森の中に一人で暮らすのですから、当たり前なのでしょうけれど、その自立しているがゆえの自由な感じがたまらなく好きだったのです。

足を痛めたら自分で膏薬《こうやく》を作り、豪奢《ごうしゃ》な馬車なんかではなく、箒に乗って一人でどこへでも出かけます。小さい魔女は、まいにち7時間も魔法の書物で勉強し、金曜日には魔法を使わずに暮らし、やってきたお客様をもてなしたり、森や街で人助けをしたりと、なんでも自分の頭で考えて行動します。

最後には自分の頭を使って、意地悪な魔女のおかしらたちをこらしめます。

はいているスカートといい、頭に着けているスカーフといい、とってもおしゃれな小さい魔女。

一人暮らしをしていても、おしゃれ心を忘れないのは、お手本にしたい生き方です。余談ですが、このお話に登場する魔女たちの洋服にツギが当たってい るのは、ドイツのファスナハトの魔女の祭りの「魔女は7つのツギあてつけている」という歌がから取ったのではないかと密《ひそ》かに思っています。

魔女は、お洋服も大切に着るのですね！「私もいつかは、森の奥でひっそりと暮らしたいなぁ」とこの作品を読む度に思います。

もう一人、魔女といえば忘れてはいけないのが『魔女の宅急便』のキキ。黒の中の黒のワンピースを着て、箒にまたがり、コリコの町でお届けもののお仕事をするキキ。こちらの相棒は黒猫のジジ。ジブリ映画ももちろんですが、原作の児童書の方では、どんどん成長して母になるキキを見届けられるので、私自身の人生の聖書のような作品でもあります。魔女のキキと言えば、旅立つ時の荷物がとっても印象的。黒いワンピースと、ほんの少しのお金。腐らないように薬草を入れて作ったひとり立ちの時のお弁当。自分の住む町を見つけたら、自分が持っている魔法で誰かのお役に立ちながら「お裾分け」で生きてゆく。

この物語を、大人になって読み返した時、この部分にハッとさせられました。

「生きるって、こんなに簡素でいいんだな」と。

少ない服を持ち、自分の能力を生かす仕事をし、お金をやりくりする。子どもの本だと思って読んでいると、大切なことを見落としてしまうほど、生きることの本質が書かれている大好きな1冊です。

さて、魔女といえば、「中世ヨーロッパでは迫害を受けていた」といったイメージが強いですが、その実は、薬草の使い方に長《た》けていて、助産師であり、医師であり、豊かな知識を持つ女性のことだったのでしょうね。体調不良や子どもの病気など、豊富な知識と経験で薬草を煎じてくれていた魔女。

自分の足でしっかりと立ち、薬草を煎じて不調を治す。

魔女たちへの憧れから、私もハーブを育てています。グングンと育つハーブを使って、フレッシュハーブティーを入れたり、お菓子を作ったりするのは、魔女になれたようで楽しいひととき。

そんな風に、心を遊ばせてまいにちを過ごすことは、日々のワクワクにもつながっています。さて、冒頭の魔女の物語が仕上がるのは、いつのことやら……。

お金を使わなくても幸せな四人姉妹

「プレゼントのないクリスマスなんて、クリスマスっていえるかねえ。」

この有名な一言から始まる物語の題名は『若草物語』。その昔『赤毛のアン』や『あしながおじさん』『小公女』などなど、家庭小説や少女小説と呼ばれた物語たちのはじまりが、実はこの作品であることはご存知でしょうか？

『若草物語』はメグ、ジョー、ベス、エイミーのマーチ家の四人姉妹が繰り広げる、日々の小さな出来事が色鮮やかに書かれた小説。実はプロテスタント派の宗教書『天路歴程』のパロディとも言われています。

ですが、驚くほどお説教くさくなく、今読んでいても十分に楽しいのは、きっと、この四人姉妹の人物像の輪郭がくっきりと立ち上がり、まるで隣にいる人たちのように感じられるからでしょうか？

「貧乏っていやね」とメグがぼやくシーンがあるのですが、実はマーチ家はアメリカの中流階級。

「なんで、メグは貧乏だって言っているのにドレスを着てダンスパーティーに行けるんだろう？」「なんで、貧乏なのにお手伝いのハンナがいるんだろう？」と子ども心に不思議に思っていましたが、マーチ家はさまざまな事情でお金が無くなっていったという背景があります。

物語が進むにつれて、南北戦争の色が濃くなり、マーチ家の生活はどんどん苦しくなっていきます。ですが、さまざまなことを工夫で乗り切る姉妹たち。

例えば、クリスマスの晩には家庭でお芝居をするのですが、この時の小道具たちにもお金をかけてはいません。ボール紙のギター、流行遅れのバタ入れに銀紙をかぶせて作った古風なランプ、などなど家にあるもので工夫を凝らします。

ジョーはお尻の焼け焦げたドレスが人に見られないように壁に背を向けながら壁伝いに歩き（そのお陰で、ローリーと出会うことになるのでしたね！）、レモネードで汚れた手袋は、メグとジョーで綺麗な方と汚れた方を半分ずつにわけ、片方は綺麗な方をはめ、片方の汚れた方は手に持つことでピンチを乗り切るシーンも。

そのほかにも、この四人姉妹には「ピクウィック週報」と題した、家族内の週刊新聞がありました。書くことの好きなジョーが編集長をつとめています。それはその週にあった家庭内の色々なことが、面白おかしく書かれているのですが、こんなにお金のかからない遊びってあるでしょうか？

この、買わずに済ませる工夫。お金を使わずに楽しむ工夫。

「若草物語」の四人姉妹のように、「なければないで大丈夫」という工夫が、実は本当に暮らしを楽しくするものかもしれません。そんな眼差しで、もう一度物語を読み返してみるのも楽しい時間の過ごし方ですね。

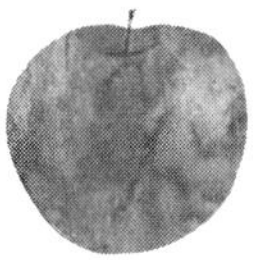

憧れの寮生活と循環するもの

物語によく出てくる「孤児院」というキーワードに、幼い頃はワクワクしていたように思います。

悲しい過去があっても、物語の中の孤児たちは、自分で人生を切り開くたくましさに溢れています。そんなたくましさに、幼い頃とても憧れていました。

そんな孤児院出身の主人公たちの中でも、とりわけ心惹かれたのは『あしながおじさん』のジュディ。恵まれなかった出生にもかかわらず、底抜けに明るく、そして文才に恵まれた、ユーモアのかたまりのような少女です。この物語は、ジョングリア・ホームという孤児院にいたジュディ（物語のはじまりはジェルーシャという名です）を、ジョン・スミスなる紳士が、彼女の文才に目をつけ、作家になるため大学に入れるよう援助をします。さらに、ジュディの文才を伸ばすために1カ月に1度手紙を書くという条件を与えるのですが、その手紙の内容がそのまま物語になっているという作品。

この手紙がまた、文才をかわれただけあって、とっても面白いのです。それにこの、ジョン・スミス氏。どうやら只者《ただもの》ではありません。学費をそっくりそのまま支払ってくれるだけではなく、月に35ドルのお小遣いに臨時のお小遣い。その他さまざまなプレゼントに、夏休みは農場での休暇まで！

「あぁ、私にも『あしながおじさん』がいたらなぁ」なんて思ったこと、人生において数百回。今でもたまに……。も付け加えておきましょう。

そんな孤児院出身のジュディは、同級生の女の子たちとの「差」に戸惑うことがしばしばあります。入学したての頃はそれが顕著で、ミケランジェロを「アーキアンジェロ」（大天使）と間違えたり、「モーリス・メーテルリンク」（青い鳥の作者）のことを「その人一年生なの」と聞いてみたり。

そんなジュディが、初めて与えられた自室を整えるシーンが冒頭に登場します。色調は茶色と黄のシンフォニー。そこに置く家具を4年生の競売会で選んだのですが、マホガニー（このマホガニーの描写にめちゃくちゃ憧れましたっけ！）の机が中古品で3ドル！

4年生で卒業する人たちが、寮で使っていた要らなくなった家具を格安の競売にかけるというシステムが、まさにエシカルだと思いませんか？

安く買って飽きたら捨てる！　はもうそろそろ終わりにしたいところ。ジュディのようにものが循環していく買い物の仕方の方が、環境への負担はグッと低いはず。今風に言うと「ギフトエコノミー」というところでしょうか。

そうそう。ジュディが夏休みに訪れた、ロックウィロー農場での暮らしがまた素敵！　100年以上経過した古い家は、木々に囲まれた丘の上に建っています。夕食には、ハムエッグと、ハチミツつきビスケットと、ゼリーケーキと、パイと、ピックルスと、チーズとお茶。

そんな農場の屋根裏部屋で、ジュディはたくさんの本たちに出会います。スティーブンソンの物語に夢中になり、読書三昧の夏を送るわけですが、その本は昔、「ジャービー坊ちゃん」（物語の鍵を握る素敵な紳士です）が置いていったもの。大切な本が、時を超えて、誰かに読み継がれていく。

電子書籍の時代にそぐわないようですが、本当に良い本は、時代を軽やかにスキップして、私たちを楽しませてくれます。

わが家には「本の小部屋」なるものがあり、私が読んできたさまざまな物語をここに置いて、今は子どもたちが楽しんでいます。

マホガニーもスティーブンソンも、本当に良いものは時代を超えて、時を超えて、誰かに手渡すことができる。ものを買うときにこの視点があると、エシカルな暮らしにつながります。

それにしても、ジュディの手紙を読んでいると、ＬＩＮＥのスタンプだけで返事をしてしまう自分を少し反省。便利な世の中になりましたが、人を楽しませてくれる手紙の良さも、永遠ですね。

小さな花園が教えてくれること

　こんなに不思議な始まり方をする物語を、私は他に知りませんでした。

　その物語の名前は『秘密の花園』。タイトルはきっと、聞いたことがあるでしょう。でも、本を読んだことのある方は、案外少ない作品かもしれません。

　この物語は、メアリ・レノックスという少女が住んでいるインドの邸宅で起きたある事件から始まります。

　彼女は、イギリス軍の士官である父親と、美しい母親、召使いたちと暮らしていました。ところが、その場所でコレラが蔓延《まんえん》し、周りの人たちが次々と亡くなり、メアリ・レノックスは一人取り残されてしまうのです。

　これだけを聞くと、「あれ？ どうして子どもだけ？」とお思いになるでしょうが、そこは物語を読んでいただくとして、このメアリ・レノックス、何度となく「かわいげのない」とか「みっともない」といわれるほどの女の子。他の物語の主人公たちにも「綺麗じゃない子」はいましたが、みんなその子特有の魅力に溢れた少女たちでした。でも、「みにくい」とまで表現される主人公には、出会ったことがありませんでしたので、初めて読んだ時には戸惑いましたっけ。

さて、物語の舞台はイギリスにうつり、ミスルスウェイトという屋敷になります。荒野の果てにあるその大きな屋敷に住むことになったメアリですが、相変わらず不機嫌で「つむじ曲がり」のまま。

この物語はお祭しの通り、そんなメアリの心が、少しずつ少しずつ、この屋敷に住む人々によって開かれていくというお話です。そして、そのキーワードになるのが、10年もの間、誰も入っていない鍵のかかった庭。この屋敷に住む、風変わりなご主人の亡くなった奥さまのものだったその庭が、彼女が生まれ変わるきっかけになるのです。

この屋敷では、鍵がかかっている庭の周りに広大な庭が広がっています。この庭を歩いていたメアリは不意に、鍵がかかっている庭の扉を開けることになってしまいます。そう、『秘密の花園』からもらうエシカルな暮らしのヒントは、この「庭」にあります。

と言っても、今どき大きなお庭の付いた一戸建てなんて、田舎に住むか、よっぽどの恵まれた状況でなければ難しい。わが家ももちろん、小さな小さなお家です。けれど、ほんの少しの庭があれば、不思議なほど心をまんまるく保てることに大人になってから気づきました。

自分だけの庭は、私だけの『秘密の花園』です。小さな種を植えたら芽が出て、花が咲き、物によっては果実が実り、また種を生む。こんな小さな命の営みが、こんなにも生きているという実感を得られるということを、実はこの歳《とし》まで知りませんでした。小さな鉢植えだけれど、自分だけの『秘密の花園』で採れたハーブは、身体と心の両方に効いてくれます。

ハーブを育ててから、小さなブーケを作ったり、散歩道に咲く野の花を家に飾ったりする楽しみができました。枯れたらコンポストに入れられるし、ハーブならちょっとちぎってサラダにのっけてもいい。今では私の暮らしに欠かすことのできない存在です。

ハーブや植物は育てること自体が、重い病や心の病気を抱える人たちの痛みや苦しみをやわらげることがあるそうです。私自身、本当にクタクタに疲れて

いる時、そっとハーブに触れて、その芳《かんば》しい匂いを嗅ぐだけで、疲れが取れるのがわかります。
　メアリも、人知れず『秘密の花園』のお手入れをすることで、人に「ありがとう」と言えるようになったり、人の心の機微が見えたり、心も体もみるみる元気になっていきました。
　そういえば、ターシャ・テューダーが、「庭仕事をしていたらエクササイズの必要性なんてない」、なんて言っていましたっけ。
　自分だけの『秘密の花園』は、小さな鉢植えひとつでも大丈夫。ひと鉢のハーブを育てたら、ぜひ自家製フレッシュハーブティーを作ってみて欲しいと思います。

ミニトマトだってきゅうりだって構いません。自分の手で何かを育てて口に入れるという体験は、ものの見方すら変えてくれる不思議な体験です。そう、自分だけの『秘密の花園』は「ここではないどこか」ゆきの緑の乗車券なのです。

そうそう『秘密の花園』を書いた作家バーネットは、当時から売れっ子作家でした。数々の児童文学や大人向けの小説を書いた女性で、『小公女』や『小公子』で社会現象まで起こした作家です。

ですが、この『秘密の花園』だけは、それほど注目されなかったそう。けれど、現在では彼女の最高傑作として読み継がれています。

暮らしのヒントが見つかるおすすめの本

『大きな森の小さな家』

ローラ・インガルス・ワイルダー 作／
ガース・ウィリアムズ 画／恩地三保子 訳
福音館書店

『小さい魔女』

オトフリート・プロイスラー 作／
大塚勇三 訳／ウィニー・ガイラー 絵
Gakken

『赤毛のアン』

モンゴメリ 作／村岡花子 訳
ポプラ社

『あしながおじさん』

ジーン・ウェブスター 作 / 坪井郁美 訳
福音館書店

『魔女の宅急便』

角野栄子 作 / 林明子 画
福音館書店

『秘密の花園』（上・下）

バーネット 作 / 山内玲子 訳
岩波書店

『若草物語』

ルイザ・メイ・オールコット 作 /
矢川澄子 訳 / ターシャ・チューダー 画
福音館書店

赤毛のアン

第5章

もっと知りたい、エシカルのこと

暮らし方は十人十色。
自分に合ったエシカルを選び取っていくために、
私が参考にしていること、
続けていくためのヒントをQ&A形式でお伝えします。

エシカルライフを続けるためのQ&A

Q1. エシカルってそもそもどういう意味？日本で始まったのはいつ？

A

エシカル（ethical）とは英語で「倫理的な」という意味の形容詞です。法律上の決まり事や善悪というくくりではなく、私は、人としての良心やモラルの上での「あり方」を表す言葉だと考えています。

そういった活動を「エシカル○○」と表現し、例えば「エシカル消費」は、人・社会・環境などに配慮した消費行動を指して使われています。

Q2. プラスチックごみにはどんな問題があるといわれているの?

A

現在、地球上の海に漂うプラスチックごみは5兆個にも及ぶといわれています。ご近所を流れる小さな川の流れの淀《よど》んだ場所に、ペットボトルやレジ袋、食べた後のお弁当容器などが溜まっているのを見たことがありませんか?

これは、地球規模の大きな問題でもある海洋汚染につながっています。風で飛ばされたり、ポイ捨てされたりしてしまったプラスチックは紫外線や波の作用で細かく粉砕されます。この粉砕されて直径5㎜以下になったものを「マイクロプラスチック」といい、海を漂い続け、生体に取り込まれやすくなってしまいます。

マイクロプラスチックによる海洋汚染は、世界中の海で確認され、魚や貝などの体内からも見つかっています。

プラスチックは、製造過程においてさまざまな化学物質が添加されていますので、それらが海に放出されるということは海を汚し続け、海の魚や貝などの生態系に影響を与え続け、それを食す私たちの身体にも影響が出てくることは容易に想像できます。

また、海に漂うレジ袋をクラゲと間違えて海洋生物が食べてしまったり、海鳥がペットボトルのキャップなどを餌と間違えて食べてしまい、胃袋がプラスチックでいっぱいになり、餌を食べられずに餓死してしまったりするなど生態系への影響も指摘されています。

90年代には焼却時に出るダイオキシンも問題になりました。現在は、焼却炉の改善などにより有害物質は抑えられているそうですが、焼却の際のCO_2は地球温暖化の原因となるため、結果的には環境破壊につながってしまいます。

今はまだ人体の影響など不透明な部分も多いプラスチック問題ですが、手遅れになる前に、まずは、暮らしの中で排出するプラスチックの絶対量を減らすことが大切ではないでしょうか。

Q3.
エシカルについての情報収集はどうしていますか？

A
ウェブサイト

私は次のようなウェブ、書籍などを参考にしています。

・消費者庁ホームページ「エシカル消費とは」
https://www.caa.go.jp/policies/policy/consumer_education/public_awareness/ethical/about/
・「京都から世界にSDGsを発信する情報プラットフォーム　SDGs KYOTO　TIMES」
https://eco.kyoto-u.ac.jp/sdgs/kyoto-times/

各自治体のホームページにも、コンポストやエシカル消費について記載されている場合があります。お住まいの地域を入力し「○○市SDGs」「○○市　エシカル」などと検索してみてください。

※刊行時の情報です。

私の場合、インターネットで新しい情報の収集をする一方で、昔ながらの暮らしに関する書籍もよく参考にしています。

４章でご紹介したような名作物語や童話の世界からヒントを得ているのはもちろんですが、清貧でありながら心豊かな修道院の暮らし、日本の旧暦や昔の暮らしについての書籍も手に取ります。直接的に役立つ情報ばかりではありませんが、真似できそうなことを見つけては、自分らしいエシカルライフを生み出し、楽しむ参考にしています。

それから、インターネットや書籍を見ることに限らず、身近なご年配の方のお話を聞くのもおすすめです。本書でご紹介したヘチマスポンジやさらしなどの使い方なども、よくご存知かも知れません。

Q4.

調べるほど何が環境や社会にとって良いことなのかわからなくなります。そんな時はどうしたらいいですか？

A

この気持ち、本当によくわかります。知れば知るほど山にでも籠るしかないなぁと思うことも……。でも、そんな時は「私に合っているのはどっち？」と考えるようにしています。

例えば、脱プラスチックを目指してラップを使うのをやめても、さらしを使えば洗うために「水」を使います。どちらが環境にやさしいかは、生活環境・スタイルなどによって異なるので、一概に「これが正解」とは言い切れません。まずは、「3つの基本」（14ページ）を意識しながら、自分が続けられる方を選ぶ。

今より半歩違うだけで、十分エシカル。そんな風に考えています。

Q5. エシカルライフをやめたくなった時ってありますか？続けるコツがあれば教えてください。

A

エシカルライフには楽しいことがたくさんあるので、やめたくなったことはないのですが、自炊が「しんどーい！」という時はあります。

そんな時は無理をせず、買ってきたお惣菜やジャンクフードを楽しむことで、自分を解放しています。ごみがいつもよりたくさん出たり、翌日の身体が重かったりするので、少しだけ反省し、またエシカルライフを楽しみます。この、少しだけ反省というところがミソで、「やっちゃった」と落ち込みすぎないことです。「人間だもの」くらいでちょうど良いと思います。

10年以上エシカルライフを続けて来られたのは、決して無理をしていないから。私がしていることはあくまでも「ゆるっとエシカル」。何かを犠牲にするエシカルライフや、歯を食いしばって我慢するエシカルライフなら、絶対に続けてこられなかったと思います。

おわりに

この本の原稿を書いている間に、季節は春から盛夏へうつり、2023年の夏は「地球温暖化」ならぬ「地球沸騰化」という言葉が囁《ささや》かれるようになりました。私が幼かった頃は、真夏でも夕方になると涼しい風が吹いたものですが、今は真夜中でも暑過ぎるまいにち。

地球の異変を肌身で感じながらも私たちには、北極の氷が解けるのを止めに行くことも、地球温暖化による影響から動物たちを救うことも、直接的にはできません。そんな葛藤のなか、私の日々の暮らしから生まれた考えや工夫してきたことをまとめ、1冊の書籍として出版できたことは、心から嬉しいことでした。

自分だけでなく、子どもたちの住む地球の未来が、一体どうなってしまうのだろう？　と思いながら続けてきた暮らしの工夫をインスタグラムで発信し始めたのが2022年の6月。思いがけずたくさんの方にフォローしていただいたことに、私自身が一番驚きました。

何を隠そう私は、面倒くさがりのズボラ屋さん。だからこそ、この本につらつらと書き綴ったさまざまな「小さくエシカルに暮らすこと」は、今日から試せることばかり。そんな暮らしを読者の皆さまにも「楽しい」と思ってもらえたらしめたもの。とはいえ、少し孤独を感じてしまったり、しんどくなってしまったりした時には、帰ってきてもらえる。そんな1冊になればいいなと思いながら書きました。

最後になりましたが、日々私のインスタグラムに訪れてくださる皆さま、本当にありがとうございました。

また、私を見つけてくださった時事通信出版局の井上さん。素敵なイラストを描いてくださったｃｈｏｎａさん。わが家をナイスに撮影してくださった齋藤さん。私の拙い文章から「らしさ」を引き出し、デザインをしてくださったＦＵＫＩ　ＤＥＳＩＧＮ　ＷＯＲＫＳさん。本当にありがとうございました。

私が「エシカルライフ」に目覚めるきっかけを与えてくれた大切な家族にも心からのありがとうを。

この本が、手に取ってくださった皆さまのエシカルな暮らしと心の糧になること。そして、暮らしを見つめるきっかけになることができたなら、こんな幸せはありません。

暮らしは楽しくエシカルに。

梨田莉利子

梨田莉利子（なしだ・りりこ）

大阪府生まれ。ライター。大阪府の郊外で夫と子ども３人、保護犬と暮らす。外資系の化粧品会社に勤務の後、子育てをきっかけに、食の安全や環境問題などに関心をもつようになる。都市生活の中で無理なくできるエシカルライフを実践するうちに、家事嫌いから一変、「暮らしって楽しい！」と思うように。
2022年6月、10年以上続けてきたエシカルな暮らしの工夫を発信する Instagram「エシカルなまいにち」を開設。１年余りでフォロワー８万人以上のアカウントに成長させる（2023年９月現在）。幼少期から童話や物語の世界に夢中になり、現在も自宅の「本の小部屋」に2000冊以上の書籍を集め、暮らしのヒントを得ている。

Instagram

「エシカルなまいにち」……@ethical_ririko
「“暮らす”を愉しくする本棚」……@ririko_books

暮らしは楽しくエシカルに。
ごみ箱ひとつの身軽なまいにち

2023年９月30日 初版発行

著　者　梨田莉利子
発行者　花野井道郎
発行所　株式会社時事通信出版局
発　売　株式会社時事通信社
〒104-8178 東京都中央区銀座 5-15-8
電話 03（5565）2155
https://bookpub.jiji.com
編集担当　井上瑶子
印刷・製本　日経印刷株式会社

ISBN978-4-7887-1880-7　C0077　Printed in Japan
落丁・乱丁はお取り替えいたします。
定価はカバーに表示してあります。

STAFF

装丁・本文デザイン・DTP
FUKI DESIGN WORKS

イラスト
（カバー・章扉・４章・５章）
chona

撮影
齋藤誠一

校正
玄冬書林